ДЕРЕК ПРИНС

I0108310

Благая Весть
ЦАРСТВА

2013

Все выдержки из Нового и Ветхого Заветов (кроме отмеченных
особо) взяты из Синодального перевода Библии на русский язык.

THE GOOD NEWS OF THE KINGDOM
Derek Prince

Derek Prince Ministries – International
P.O.Box 19501
Charlotte, NC 28219-9501
USA

БЛАГАЯ ВЕСТЬ ЦАРСТВА
Дерек Принс

Переведено и издано
Служением Дерека Принса на русском языке
Translation and publication by Derek Prince Ministries – Russia

Вы можете написать нам по адресу:

Служение Дерека Принса
а/я 72
Санкт-Петербург
191123
Россия

Служение Дерека Принса
а/я 3
Москва
107113
Россия

ISBN: 978-1-78263-065-4

Вы можете обратиться к нам через интернет:
info@derekprince.ru

или посетить нашу страницу:
www.derekprince.ru

DEREK
PRINCE
M I N I S T R I E S
RUSSIAN WORLDWIDE

1. ВРЕМЯ ВОССТАНОВЛЕНИЯ

Мы приступаем к рассмотрению темы, которая – на мой взгляд – является по-настоящему захватывающей. Надеюсь, что она захватит и вас. Много лет назад я услышал от одного проповедника, что секрет успеха во все времена заключается в том, чтобы *обнаружить, что делает Бог – и делать это вместе с Ним.* Думаю, что в этих словах сокрыта глубокая истина. Поэтому в качестве вступления я поделюсь с вами тем, что – как я верю – Бог делает в наши дни. Благодарение Господу, Он совершает потрясающие вещи! Ничто не сможет смутить Его и не заставит потерять контроль над ситуацией. Господь по-прежнему держит все народы и их судьбу в Своих руках, а Иисус Христос по-прежнему Глава Церкви, которая является Его Телом.

Для начала мы должны понять, о чём в первую очередь заботится Бог и что Он хочет получить в результате хода истории. Когда мы наблюдаем смятение, агонию, борьбу, ужасное состояние человечества, которое в целом не становится лучше, то можем задаться вопросом: стоит ли за всем этим Бог? Почему Он так долго терпит и не вмешивается? Почему Он не остановит всё это нечестие? Верю, что ответ заключается в следующем: *Бог хочет приобрести людей для Себя, создать Себе народ – в этом Его главная цель.* Вот что Он намерен получить из истории. И это делает людей – таких, как мы с вами – целью всех Божьих устремлений, планов и действий. Второзаконие 32:9:

*Ибо часть Господа народ Его; Иаков наслед-
ственный удел Его.*

Итак, часть (удел) Господа — это Его народ. Чего
ищет Бог? — не организацию, не материальные вещи,
но народ для Себя. И вся история вращается вокруг
народа Божьего.

При написании послания к церкви Коринфа апостол Павел делает удивительное утверждение: он
пишет, что *«всё для вас»* (2 Кор. 4:15). Всё, что
случается — это происходит ради вас. Я обнаружил,
что многие христиане не понимают этого — не осознают, насколько ценными они являются. Меня всегда
расстраивает, когда я слышу, как христиане говорят так, словно они являются незначительным мень-
шинством, которому необходимо лишь одно — про-
держаться до того момента, когда в дело вмешается
Господь и заберет их. Но не такое положение вещей
описано в Библии. Священное Писание свидетельствует, что всё вращается вокруг Божьего народа.
Солнце встает и садится для нас. Реки текут для нас.
Правительства правят для нас. Всё для нас, потому
что мы находимся в центре Божьего внимания.

Изучая Библию, вы найдете описание трех основных строений, которые Бог повелел возвести
для Своего пребывания. Первым местом была ски-
ния Моисеева, которая была очень примечательным
строением, но не слишком впечатляющим снаружи.
Сверху она была покрыта синими кожами, окружена
белой льняной оградой и находилась посреди пустыни. Величественной её делало облачный столб днем
и столб огненный ночью, почивающие над этим немного странным с виду сооружением. Однако внутри
скинии находились искусно сделанные предметы об-
становки и изумительная отделка. Но даже при этом,
скинию нельзя назвать слишком ценным строением.

Следующим основным строением был храм Соломонов. Я склонен верить, что это было самое до-

рогое здание, которое было когда-нибудь построено
рукой человека. Сомневаюсь, что сегодня где-нибудь
в мире можно найти более дорогостоящее и более
искусное здание. Многое в нем было сделано из чи-
стого золота. Но это потрясающее сооружение про-
существовало сравнительно короткое время, по про-
шествии которого было полностью разрушено.

Мог ли Бог заповедать построить еще более до-
рогой, впечатляющий и долгосрочный храм, чем тот,
который построил Соломон? Мы должны обратиться
за ответом к Новому Завету, и там мы найдем еще
одно основное строение, определенное Богом как место для Его пребывания. Оно строится из материа-
лов, которые несравнимо дороже тех, из которых
был построен храм Соломонов. Этот храм строится
из того, что ценнее всего во всей Вселенной. Вы знаете, что это? – люди! В конце концов, это слова самого Иисуса, что весь мир не стоит одной человеческой
души. Поэтому Бог не понижает качества, здесь Он
достигает наивысшей точки – последний храм будет
существовать в вечности, и будет построен из живых
камней. Именно этого ищет Бог – живых камней для
храма, в котором Он будет пребывать во веки веков.

Если Божьи цели сосредоточены на Его народе,
можем ли мы кратко определить Божьи планы для
Его народа на это время? Лично я верю, что Божьей
целью для Его народа в данное время является *восстановление*. Давайте поближе рассмотрим это слово и поразмышляем над его значением.

Согласно моему пониманию Писания, Бог занят
восстановлением двух народов, с которыми Он имеет
взаимоотношения нерушимых – по Его же слову – заветов. Я делюсь своим мнением с вами, но вы должны
сами рассуждать над этим. Я верю, что в конечном
итоге будет один Божий народ, но насколько мы знаем их сегодня – это два отличающихся друг от друга
народа. Первый (по времени появления) народ – это

Израиль. Бог снова и снова в Библии провозглашает, что Он никогда не нарушит Свой завет с Израилем. Второй народ — это Церковь Иисуса Христа.

Таким образом, я верю, что Божьей целью в это время является восстановление Израиля и Церкви. Позвольте объяснить, что я подразумеваю под словом «восстановление», — это возвращение вещей на их правильное место и в их правильное состояние. И сам факт необходимости в восстановлении является довольно очевидным свидетельством, что правильное место и правильное состояние было утеряно. Если мы говорим о восстановлении старого здания, то это уже само по себе является достаточным свидетельством, что здание нуждается в ремонте и не находится в должном состоянии. Поэтому я верю: сам факт, что народ Божий нуждается в восстановлении, уже сам по себе свидетельствует, что он какое-то время не был и в настоящий момент не находится в том состоянии, в котором Бог хочет его видеть.

Восстановление Израиля — это в первую очередь восстановление его географически, вернуть Израиль в его Богом определенные границы. Речь идет об узкой полосе земли на восточном побережье Средиземного моря, о которой Бог провозгласил так четко, как только можно, что Он даровал ее Аврааму, Исааку и Иакову (Израилю) во владение вечное. Однако простой возврат территории еще не является окончательной Божьей целью, но лишь точкой опоры, точкой старта. В соответствии с планом Божьим, есть только одно место на земле, где Бог трудится с Израилем как народом, и это территория, о которой мы уже говорили. Бог соберет их там для того, чтобы произвести окончательные действия над Израилем в соответствии со Своим планом. Поскольку Божьей конечной целью является возвращение израильтян во взаимоотношения с Собой, что всегда выражалось таким утверждением (Иер. 7:23, 31:1,33):

Я буду вашим Богом, а вы будете Моим народом...

Кто хоть немного знаком с историей еврейского народа, тот знает, что это девятнадцать столетий рассеяния значительного большинства евреев по всем народам земли, как изгнанников, переселенцев из земли, которую Бог обещал им. Это очевидный исторический факт.

Согласно моему пониманию (и опять-таки я оставляю это на ваше рассуждение) Церковь Иисуса Христа была настолько же далека от своего духовного наследия во Христе большую часть этих девятнадцати столетий, как народ израильский был далек от владения обещанной Богом землей. Поэтому процесс восстановления для Церкви настолько же болезненный, требует преодоления такого же противодействия, агонии, борьбы и таких же жертв, как и восстановление Израиля. Государство Израиль появилось в 1948 году и с тех пор никогда не наслаждалось настоящим миром. Хочу предложить вам такую мысль, что восстановление Церкви не пройдет более спокойным и легким путем, чем тот путь, который проходит Израиль.

Однако Церковь восстанавливается не на какой-то территории, а в нашем наследии во Христе. Если можно так выразиться: не в своей Обетованной земле (как Израиль), а в земле Божьих обетований. Восхитительно то, что эти два процесса восстановления начались почти одновременно – примерно в 1900 году. Если более точно, то в 1897 году прошла первая Сионистская конференция в Швейцарии (*«сионизм»* – политическое движение за возвращение евреев на их историческую родину – *прим. ред.*). Чтобы проследить начало восстановления Церкви, мы должны обратиться к концу XIX века, когда произошло суверенное движение Духа Святого в России и Армении.

Возвращаясь к Соединенным Штатам, мы можем

выделить две даты. В 1900 году в первый день нового столетия молодая девушка, учившаяся в Библейской школе в городе Топека (штат Канзас), пришла к руководителям школы и попросила их помолиться за нее, чтобы ей исполниться Духом Святым так, как это описано во второй главе Деяний. Руководство школы на самом деле не очень-то верило, что такое может произойти по их молитве, но они помолились за эту девушку, и то, о чём она просила, действительно произошло – она начала говорить на иных языках, как Дух давал ей провещевать. Это было своеобразным переломным моментом истории, и Бог позволил этому произойти в первый день нового столетия. Затем, как вы наверное знаете, в 1904 году на Азуза-стрит в Лос-Анджелесе имело место могущественное излияние, от которого берут начало все пятидесятнические деноминации Северной Америки. Затем, в 50-60-х годах произошло то, что мы знаем как *«харизматическое обновление»* (речь идет о восстановлении действия даров Духа – *прим. ред.*), с которым я имел честь быть связанным длительное время.

Поэтому, если рассматривать современную историю под таким углом, то она начинает приобретать смысл. По крайней мере, для меня это именно так. У Бога есть цель, и Он что-то производит посреди всего кажущегося хаоса и смятения. Бог трудится над восстановлением Своего народа согласно обетованиям Своего Слова. И поскольку мы являемся Божьим народом, то мы находимся в центре всего, что происходит.

Давайте обратимся к двум отрывкам Писания, которые очень ясно говорят об этом процессе восстановления. Сначала мы откроем место из Нового Завета, а затем обратимся к отрывку из Ветхого Завета, который говорит о том же самом, только в поэтической форме. Слова Петра, которые мы прочитаем, были обращены к толпе иудеев, собравшихся по причине исцеления хромого у Красных ворот. В этих словах Петр очень точно очертил Божью программу, завершающую этот век, — но, похоже, что Петр в то время и сам не до конца осознавал их смысл.

В связи с этим, хочу сказать вам: никогда не занимайтесь вычислениями наступления конца века. Что касается меня, то я очень четко понимаю, что никто не знает ни дня, ни часа возвращения Христа. Мне хорошо известно, что в Библии есть много пророческих мест, которые трудно увязать друг с другом заранее, — пока они не произошли. Надо полагать, никому не удастся точно узнать порядок и взаимосвязь их исполнения, прежде чем наступит их время. Но нам необходимо знать и изучать пророческие писания, даже если мы не понимаем, как в точности они исполнятся (см. 2 Петра 1:19), — тем более мы должны знать то, о чём Писание говорит ясно и очень определенно.

Вот слова Петра, записанные в Деяниях 3:19-21:

Итак покайтесь и обратитесь, чтобы загладились грехи ваши, да придут времена отрады от лица Господа, и да пошлет Он предназначенного вам Иисуса Христа, Которого небо должно было принять до времен совершения (букв. «восстановления» – прим. переводчика) *всего, что говорил Бог устами всех святых Своих пророков от века.*

(Перевод епископа Кассиана: «*Которого небо должно принять до времен восстановления всего, о чем изрек Бог устами святых древних Своих пророков*».)

Обратите внимание, что первая глава Деяний говорит о том, что Иисус Христос был забран на небо. В третьей главе Деяний записаны слова Петра, что «*небо должно было принять Его* (думаю, что уместно добавить «и удерживать Его до тех пор», пока что?) *до времени, пока не будет восстановлено всё»*. Из этого мы заключаем, что однажды во время этого процесса восстановления наступит момент, когда небеса отпустят Иисуса — чтобы Он вернулся и установил Свое Царство на земле. Полагаю, мы имеем право сделать такое заключение из прочитанного.

Затем Петр делает другое утверждение о том же самом периоде. Деяния 3:24:

> *И все пророки от Самуила и после него, сколько их ни говорили, также предвозвестили дни сии.*

Таким образом, это время восстановления являются темой всех пророков. Именно восстановление является конечным пунктом огромного потока пророческого откровения.

Давайте отступим немного назад и посмотрим, что должно предшествовать этому периоду восстановления всего. Я мог бы суммировать это четырьмя английскими слова с приставкой «re-». Первое слово находится в начале 19-го стиха: «repent» — покаяться. Но кто должен покаяться? — Божий народ. Библия говорит (1 Пет. 4:17), что *«время начаться суду с дома Божьего»* — вот откуда всё начинается. Реальной проблемой, которую имеет Бог, разбираясь с народами, являются не сами эти народы, а Церковь.

Во время великого пробуждения Уэльса в 1904 году лидер этого пробуждения Эван Робертс часто повторял: *«Если Церковь покорится, то мир склонится»*. Но если Церковь не захочет подчиняться Богу, то Он не сможет достичь мира, чтобы тот склонился пред Богом.

Итак, касается ли это Израиля или Церкви, первая стадия реализации Божьей программы в конце века — это покаяние Божьего народа. И надо сказать, что из всех фундаментальных истин Нового Завета, покаяние является, вероятно, наиболее пренебрегаемой и не понимаемой.

Слово, которое использовано в Новом Завете для описания покаяния, в греческом языке практически всегда переводится как *«изменение мышления»*, и это очень сильное слово. Ваше мышление действовало в неправильном направлении, но вы изменили направление вашего мышления и начали думать иначе. В еврейском языке *«покаяться»* означает *«развернутся в противоположную сторону»*. Для этих двух языков характерно то, что греческий всегда описывает внутреннее состояние, а еврейский всегда сосредоточен на практическом и внешнем действии. Если вы соедините их вместе, то получите полную картину. Покаяние − это внутреннее решение изменить направление своего мышления и своей жизни, которое сопровождается внешним разворотом на 180 градусов, − это поворот лицом к Богу со словами: *«Боже, скажи, что мне делать, и я буду это делать».* Вот таким является настоящее покаяние. Человек, который покаялся, никогда не спорит с Богом.

Служа людям многие годы, я часто встречал христиан, которые считали, что им не хватает веры, и они боролись за то, чтобы не потерять ее. Но я вынужден был прийти к заключению, что в большинстве случаев таким людям не хватает покаяния, а не веры. Новый Завет не призывает людей к вере, не призвав первоначально их к покаянию. Я также пришел к выводу, что когда люди действительно принимают учение Нового Завета о покаянии, то сразу же исчезает 50% их проблем. Действительной проблемой Церкви является недостаток покаяния, твердого решения и посвящения Господу, смирения пред Ним и подчинения Ему. Всё начинается с покаяния.

Покаяние всегда находит отклик в сердце Бога и высвобождает Его благословение, о котором написано в 19-м стихе. Что это? − *освежение* (в Синод. переводе: *«времена отрады»*). Покаяние приносит освежение («refresh» − это следующее слово, которое начинается с предлога «re-»). Поэтому если вы чувствуете себя изнуренным, утомленным и измотанным, то это признак того, что вам необходимо покаяться.

Освежение очень важно, однако, этим всё не заканчивается. Полагаю, что харизматическому движению очень важно понять, что освежение — это всего лишь ступень. Благодарение Богу за истинное обновление действия даров Духа и прославления в Церкви, которое, как я верю, является временем освежения, но пусть никто не подумает, что это уже предел всего. Бог освежает нас для того, чтобы дать нам силы для выполнения труда по восстановлению («restore» — еще одно слово, которое начинается с предлога «re-»), которое, как вы понимаете, является сражением. Освежение необходимо для того чтобы приступить к восстановлению.

Если вы желаете знать, чего стоит восстановление, то вам следует посмотреть на историю государства Израиль, — это агония, жертвы, самопожертвование, война. Повторю это снова: поверьте мне, путь восстановления Церкви будет отнюдь не легче. Когда мы будем беспокоить дьявола в духовной сфере — как само наличие Израиля на Ближнем Востоке делает это в материальном мире — тогда вы увидите, во что мы ввязываемся.

Однако и восстановление не является конечной целью. Оно лишь генеральная подготовка сцены для кульминации века сего, описанию которого служит другое слово, начинающееся с «re-». Этого слова нет в данном отрывке Писания, но, следуя логике, его нетрудно назвать. Что это? — «return» — возвращение. Я твердо верю, что всё это является программой конца века сего, ясно открытой Писанием. Конечно же, вы знаете, чьё это возвращение. Вы когда-нибудь видели такую наклейку на автомобиле: *«Угадай, Кто скоро вернется?»* Мне угадывать не надо — я знаю, что это Иисус.

Итак, вот Божья программа, в свете которой период восстановления приобретает ключевое и решающее значение. Господь Иисус не придет раньше наступления этого периода. Возможно, это несколько потрясет вашу теологию, но я полагаю, что Писание свидетельствует об этом очень ясно. Мы ожидаем *«блаженного упования и явления славы великого Бога и Спасителя нашего Иисуса Христа»* (Тит. 2:13) во время этого периода восстановления, – в день и час, которого никто не знает. Если возвращение Христа не приводит вас в волнение, то находится под вопросом: действительно ли вы в это верите? Я не знаю, как можно верить в это и оставаться равнодушным.

Итак, сделав такое вступление из Нового Завета, давайте перейдем непосредственно к нашей теме. Обратимся к началу 101-го Псалма, где псалмопевец описывает свое удручающее состояние духа, когда ему кажется, что всё обращено против него – Бог забыл его и оставил на произвол судьбы, и нет никакого будущего. Хотя в книге Псалтирь есть достаточно много описаний подавленного и печального состояния – это одно из самых мрачных мест. Духовная жизнь – это не только радость и вдохновение. Однако в 13-м стихе псалмопевец делает очень мудрый шаг – он отводит взгляд от своего состояния и своих проблем и верой поднимает глаза к Господу, восседающему на Престоле. В этот момент к нему приходит осознание, что Господь никогда не теряет Своего полного контроля над жизнью Вселенной. Видя это, псалмопевец получает потрясающее пророческое откровение о конце века. Псалом 101:14:

Ты восстанешь, умилосердишься над Сионом; ибо время помиловать его; ибо пришло время...

Псалмопевец благодаря откровению видит в Божьем пророческом календаре то время, когда Бог готов восстать – готов приступить к активным действиям и вмешаться в ход истории человечества. Целью его вмешательства является проявление милости и благоволения к Сиону. Согласно моему пониманию, «Сион» является основным именем всего Божьего народа, с которым Он заключил завет – как Израиля, так и Церкви. Политическое движение, которое было инструментом начала возвращения Израиля на его землю, не случайно было названо «сионизмом». Таким образом, это был способ провозгласить: *«Вот начинается то, о чём было сказано!»*

Если вы хотите знать, где вы находитесь – то вот четкая отметка. Читая 12-ю главу Послания к Евреям, я нашел, что «Сион» включает в себя весь Божий народ завета. Мы, Церковь, должны прийти на гору Сион – оттуда исходит наше правление. Высшее правление – это небесный Иерусалим, гора Сион.

Пророчествуя об этом периоде, псалмопевец использует фразу *«назначенное, определенное время»* (в Синод. переводе: *«пришло время»*) – это перевод интересного еврейского слова, которое используется для всех календарных праздников Израиля. Такие праздники как Пасха, Пятидесятница, Кущи и т.д. имели свое назначенное время. Таким образом, Бог собирается явить милость и благодать народу, состоящему в завете с Ним.

Вот место Писания, которое говорит как о милости, так и о благодати. Послание Евреям 4:16:

Посему да приступаем с дерзновением к престолу благодати, чтобы получить милость и обрести благодать для благовременной помощи.

Очень важно понять, что ни милость, ни благодать вы не сможете заслужить. Если что-то можно заслужить, то это уже не является милостью и не является благодатью. Если вы можете заслужить милость, то вы уже не нуждаетесь в ней. Апостол Павел говорит, что благодать невозможно заслужить (Рим. 11:6). Чрезвычайно важно понять, как действует

Бог, потому что Он делает для Своего народа то, чего мы не заслужили. Если бы мы заслуживали это, то не нуждались бы в восстановлении. И лишь потому, что мы не заслуживаем этого, Бог дает нам это из Своей милости и благодати.

Христиане без труда видят, что евреи не заслуживают восстановления. И вы на 100% правы, дорогие друзья, − это абсолютная истина, что их восстановление является милостью и благодатью. Но позвольте заметить, евреям также не составляет труда видеть, что христиане не заслуживают Божьей милости, − и они тоже правы. Истина состоит в том, что никто из нас не заслуживает милости и нам надо просто научиться принимать Божью милость и благодать.

Знаете, кому труднее всего обрести благодать? − религиозным людям. Потому что они продолжают думать, что им надо делать что-то, чтобы заслужить ее. Благодать и милость − это то, что мы принимаем от Бога, потому что Он в Своем предвечной мудрости назначил определенное время, когда Он вмешается в ход истории на стороне Своего народа.

У меня есть твердая вера и непоколебимое убеждение в том, что мы живем именно в это время. Вы может иметь в отношении этого свое мнение, но весь курс моей жизни, мое отношение к вещам, мои мотивы, мое стремление подчинены моему убеждению, что мы живем в период восстановления − время Божьей милости и благодати. Я хочу получить столько Его милости, сколько буду в состоянии − ее не может быть слишком много, и я знаю, что нуждаюсь в ней. Никогда в жизни я не сомневался, что нуждаюсь в Божьей милости. С первого дня своего обращения к Богу я совершенно точно знаю, что нуждаюсь в Божьей милости и благодати.

Однажды Лорен Каннингем рассказал историю о женщине, которая пришла забрать свою фотографию. Когда она посмотрела на свой снимок, ей не понравилось то, что она увидела: *«Разве это справедливо, разве я действительно такая?»* Фотограф внимательно посмотрел на нее и сказал: *«Дорогая леди, вы нуждаетесь не в правде, а в милости!»* Как это истинно — мы нуждаемся не в справедливости (не в том отношении, которого мы заслуживаем), — мы нуждаемся в милости! Слава Богу, что Он обещал нам милость, и наступило время для нее.

Давайте прочитаем Псалом 101:15:

...ибо рабы Твои возлюбили и камни его, и о прахе его жалеют.

Когда речь идет о Сионе, то мы можем — в большей или меньшей степени — отнести это к Иерусалиму, хотя это не всегда абсолютно одно и то же.

Когда я впервые приехал в Иерусалим в 1942 году, то, во-первых, мое впечатление можно было суммировать двумя словами: *камни и прах* — это был город руин, камней и пыли; но, во-вторых, я влюбился в этот город и люблю его до сих пор. И это не потому, что Иерусалим является красивым городом, — даже сегодня его трудно назвать очень привлекательным. Местами он довольно грязный и многое в нем можно было бы сделать лучше, чем есть на сегодняшний день, а на некоторые образцы современной архитектуры нельзя смотреть без чувства досады. Но это город, который избрал Бог, и если вы Его служитель, то одним из подтверждений этого является то, что вы любите Иерусалим. Мы с Руфью множество раз сопровождали поездки различных людей по Израилю. Люди снова и снова говорили нам: *«Не знаю почему, но мы просто полюбили это место».* Дух Святой производит это в их сердцах.

Думаю, что это истинно не только в отношении земного Сиона, — это истинно и по отношению к Церкви. Возможно, вы знаете, что я вырос в Британии и получил образование в таких учебных заведениях, где студентов обязывали посещать церковь. Церкви, которые я посещал, редко были моложе трех- или четырехсотлетнего возраста. И если бы меня спросили об этих церквях, то я бы сказал, что это *«камни и пыль»*.

По большому счету Церковь сегодня – это камни и вековая пыль. Но я предупреждаю вас никогда не насмехаться над состоянием Церкви, потому что такое отношение не свидетельствует о том, что вы являетесь истинным служителем Господа. Слуга Господа переживает о Церкви, даже если всё, что осталось – это камни и пыль.

Параллели, которые существуют между Израилем и Церковью, стали для меня настолько явными и показательными, что они открыли для моего понимания новые сферы. Надеюсь, что это произойдет и с вами. Поэтому признаком Божьего служителя является то, что он переживает о Божьем народе завета, даже если этот народ находится в состоянии разрухи и упадка.

16-й стих описывает цель Божьего вмешательства:

И убоятся народы имени Господня, и все цари земные – славы Твоей.

Если выразить это одним словом, то чего Бог хочет достичь? – славы! Я сделал небольшое исследование значения слова *«слава»* в Новом Завете и должен был прийти к такому выводу, что целью Божьей благодати всегда является Его слава! Он дарует Свою благодать, чтобы в конечном итоге получить славу. Как вы понимаете, если бы Бог хотел, чтобы мы заслужили Его благодать, то она никогда бы не принесла Ему славу. Бог дает нам Свою благодать для того, чтобы мы могли прославить Его. Мы должны принять ее.

Посещение Божьего народа Его благодатью и милостью будет таким, что вся земля сможет увидеть Его силу и славу, и благоговеть перед Ним. 16-й стих:

*И убоятся народы имени Господня, и все
цари земные – славы Твоей.*

17-й стих дает нам настоящий ключ к пониманию
значимости этого периода:

*Ибо созиждет Господь Сион, и явится во сла-
ве Своей...*

Один из переводов говорит, что Господь *«восста-
новит»* или *«отстроит заново»* Сион. Как видите, эти
слова находятся в полном согласии с тем, о чём говорит
третья глава Деяний, – мы можем ожидать приход Господа во время восстановления. Тот факт, что Господь
восстанавливает Сион, является Библейской гарантией, что Он готов явиться в Своей славе. 18-й стих:

*...призрит на молитву беспомощных, и не
презрит моления их.*

Думаю, что нам необходимо понять, что возвращение Господа будет ответом на множество молитв, и
некоторые наши молитвы получат ответ только после
того, как Он придет.

В Иерусалиме сохранилась одна стена храма Со-
ломонова, которую евреи называют Западной стеной
или Стеной плача. Она подпирает западную часть
Храмовой горы. Эта стена (из всех доступных для
евреев объектов) ближе всего находится к святому
для евреев месту, на котором располагалось Святое
святых храма. Эта огромная стена построена из мас-
сивных камней, и поток приходящих к ней для молитвы евреев не прекращается ни днем, ни ночью.
Таким образом, там практически круглосуточно со-
вершается молитва. Мы с Руфью порой приходи-
ли туда и присоединялись к молящимся. Часто евреи пишут свои молитвенные нужды на маленьких
листках бумаги, скручивают их и вставляют в щели
между камнями стены. Это похоже на ящики для мо-
литвенных нужд, которые выставляют в некоторых
христианских церквах.

Однажды, это был ветреный день, я пришел к этой стене и наблюдал за тем, как множество этих маленьких кусочков бумаги выдувало из щелей и кружило по каменной мостовой. Меня посетила немного ироничная мысль, что, по всей видимости, это неотвеченные молитвы. И сразу же я услышал голос Духа Святого, что настанет тот день, когда миллионы молитв получат незамедлительный ответ. Я получил откровение на это место Писания, что пришествие Господа будет ответом на молитву, на крик отчаяния беспомощных.

Позвольте высказать свое мнение, которое связано с изучаемой нами темой: лично я убежден, что не существует другого реального, практичного, стабильного решения для проблем, бедствий и страданий человечества, кроме установления Христова Царства на земле. Вы можете ратовать за «социальное Евангелие», — и это хорошо, но оно не выполнит всю работу. Только возвращение Господа Иисуса Христа будет полным решением всех проблем. Если вы действительно заботитесь о бедных, брошенных и больных людях, то вы будете страстно желать возвращения Господа и установления Его Царства.

Мы с моей женой Руфью очень много путешествуем и служим больным людям в самых разных частях мира. И порой наблюдать всю широту и глубину страданий человечества становится почти невыносимым. Мы понимаем, что восполняем лишь очень малую частицу помощи и только очень ограниченной части тех людей, которые остро нуждаются в ней. Масштаб бедствий человечества настолько ужасающий, что я не думаю, что Бог позволит нам увидеть его в полноте, потому что это просто раздавит нас. Я рачительно использую всё, что имею для того, чтобы помочь страдающим, больным и несчастным людям, — но поверьте мне, единственным практичным окончательным решением является приход Царства

Божьего на землю. По моему глубокому убеждению
– все остальные проекты нереальны. Таким образом,
пришествие Царства будет Божьим конечным ответом на плач страдающего человечества. 19-й стих:

*Напишется о сём для рода последующего, и
поколение грядущее восхвалит Господа...*

Псалмопевец знал, что пишет не для своего времени. Он знал, что когда-то придет поколение, которое будет жить во время восстановления и увидит
исполнение этих слов. Я верю, что мы являемся этим
поколением, и это вдохновляет меня. Если вас это не
вдохновляет, то я не понимаю вашего состояния.

Далее, есть еще одна истина, которая относится
к поколению, о котором мы говорим: Бог собирается
творить особого рода народ, который будет восхва-
лять Его. Иными словами, Бог как бы говорит, что
Его народ на протяжении многих столетий был настолько нерадив в том, чтобы прославлять Его так,
как Он должен быть прославлен, что, для того чтобы получить надлежащую хвалу, Он собирается со-
творить народ особого рода. Я верю, что мы *можем*
быть такого рода людьми, – более того, мы *должны*
быть таким народом.

Вы можете сказать много плохого о харизматах,
– и я мог бы помочь вам в этом, потому что знаю
это движение изнутри, – однако вместе с харизмати-
ческим движением мы поднялись на новый уровень
хвалы, которая творит историю. Не думаю, что мы
достигли того, чего хочет Бог, – но я верю, что мы
смогли увидеть проблеск. Я верю, что одним из того,
что откроет путь возвращению Господа Иисуса, является поколение, которое действительно прославля-
ет Его.

Итак, оставив Израиль в стороне, мы говорим
сейчас только о восстановлении Церкви. Я хочу
предложить некоторые главные аспекты восстановления Церкви – это лишь некоторые мысли, а не

цельное учение. Насколько я понимаю, первой главной сферой восстановления является *восстановление даров Святого Духа*. И опять-таки, вы можете многое сказать о злоупотреблениях в этой сфере, но будьте осторожны! – дары Святого Духа являются дверью в сверхъестественное. Согласно моему пониманию, невозможно говорить о христианстве Нового Завета, убрав в сторону сверхъестественное. Если вы принимаете другой стандарт, то вы просто обольщаете самого себя.

Я пришел к такому убеждению на основании того факта, что если из всех глав Книги Деяния (а их 28), удалить все упоминания о сверхъестественных проявлениях, воспринимаемых человеческими органами чувств, то не осталось бы неповрежденной ни одной главы! Я не имею в виду просто внутренние переживания, – например рождение свыше, которое полностью сверхъестественно, однако, является лишь внутренним (сокрытым внутри) действием. Нет ни одной главы в Книге Деяния, в которой не происходило бы какое-нибудь сверхъестественное внешнее проявление. Я не верю, что Церковь может функционировать так, как этого хочет Бог, действуя лишь на естественном уровне – это невыполнимо – давайте не будем даже пытаться делать это.

Несмотря на то, что могут быть некоторые исключения, вхождение в сверхъестественную сферу, как правило, происходит благодаря дарам Святого Духа, которые все являются сверхъестественными. И самый распространенный вход в сферу Духа (который остается самым оспариваемым) – это дар иных языков.

Иные языки – это нечто действительно замечательное, хотя я не знаю, почему Бог делает всё именно таким образом. Он, нисколько не смущаясь, открыто демонстрирует их. Вы знаете о том, что Церковь делала в День Пятидесятницы, в тот момент, когда явила себя миру как Тело, – вся Церковь Иисуса Христа говорила на иных языках во время своего первого появления на публике. Тогда многие люди не понимали происходящего, но это не волновало Бога.

Когда Бог достиг сердец людей, собравшихся в доме Корнилия, и ввел этих язычников в благодать, минуя закон Моисеев, то посредством чего это произошло? – они все были крещены Духом, и все начали говорить на иных языках. Поэтому, когда люди критикуют, нападают и указывают пальцем на всё, связанное с говорением на языках, то Бога это не смущает. Могу сказать, что это не смущает и меня. Аллилуйя, слава Богу! Мне нравится этот дар, и я нашел, что это благословение.

Есть три весомые причины для говорения на иных языках. Многие люди спрашивают: какая польза от них? Слышали ли вы когда-нибудь такие вопросы? Некоторые говорят: всё это было для дня Пятидесятницы, – зачем они нужны сегодня? Скажу вам следующее: во-первых, вы говорите напрямую Богу – это привилегия; во-вторых, вы говорите тайны – это следующая привилегия; в-третьих, вы назидаете самого себя (1 Кор. 14:2,4). Итак, вот три хорошие причины для говорения на иных языках. Иначе, вы просто обкрадываете самого себя.

Насколько я могу понять, следующая фаза восстановления начинает происходить на наших глазах – это восстановление даров служения, перечисленных в Послании к Ефесянам 4:11: *апостолы, пророки, евангелисты, пастыри и учителя.* Вы можете не согласиться, но, на мой взгляд, процесс восстановления происходит в порядке, обратном перечислению этих служений. Насколько я вижу, сначала восстановление было направлено на служение учителей, затем подходит очередь пастырей, и вскоре мы сможем наблюдать процесс восстановления служения евангелистов. Однако у нас не будет полноты без апостолов и пророков, вы понимаете это? Если вы исследуете Новый Завет в этом вопросе, то обнаружите, что Церковь не должна была функционировать без апостолов и пророков. В Новом Завете никто кроме апостолов не рукополагал старейшин церкви. Как Церковь может иметь какое-нибудь продвижение вперед, не имея апостолов?

Не уходя в сторону от нашей темы, во второй главе мы постараемся разобрать следующий аспект восстановления, к которому эта глава послужила лишь вступлением. Мы рассмотрим восстановление послания, – Евангельской Вести. Помните о том, что Евангелие – это добрая новость. Если вы слышали проповедь, не несущую хорошую новость, то это была проповедь не Евангелия, а чего-то другого.

2. ВОССТАНОВЛЕНИЕ ПОСЛАНИЯ

Итак, центром Божьих планов является Его народ. Божью цель можно суммировать одним словом – «восстановление», которое подразумевает возвращение вещей на их правильное место и в их правильное состояние. В предыдущей главе мы говорили о том, что в течение последнего столетия происходило двойное восстановление. С одной стороны, воссоздания народа Израиля на его земле, как прелюдия его воссоединения с Богом через Мессию. С другой стороны, происходило восстановление Церкви в ее духовном наследии в Иисусе Христе.

Мы сфокусировали наше внимание на восстановлении Церкви, и я указал на три главные фазы восстановления, которым мы являемся свидетелями. Во-первых, восстановление духовных даров, которые вводят нас в сверхъестественную реальность, – без чего мы не можем быть христианами Нового Завета. Во-вторых, восстановление даров служения, в которых мы нуждаемся, согласно словам апостола Павла в Послании к Ефесянам 4:11-13, для созидания (строительства) Церкви и приведения нас в единство. Мы не будем детально задерживаться на этих дарах, но помните о том, что приход Церкви в единство зависит от действия этих даров служения: апостолов, пророков, евангелистов, пастырей и учителей.

В этой и следующих главах мы рассмотрим следующую область восстановления (которую Бог показал мне очень явно) – это восстановление послания, истинной проповеди Евангелия. На мой взгляд, произошло искажение послания, и поэтому значительная часть его влияния была утрачена.

В Евангелии от Марка 16:20 сказано, что апостолы *«пошли и проповедовали везде, при Господнем содействии и подкреплении слова последующими знамениями»*. Бог подтверждает Свое слово Своими сверхъестественными знамениями. Следовательно, нам необходимо убедиться, что мы проповедуем в полноте и чистоте то слово, которое исходит от Бога, получая сверхъестественное подтверждение от Него. Другими словами, если *мы хотим проповедовать* слово, которое Бог будет сверхъестественным образом подтверждать, то мы должны проповедовать то слово, которое *Он хочет подтвердить*.

Исторически сложилось так, что люди используют слово «Евангелие». Это слово переводится с греческого языка как добрая или хорошая новость, – «Благая Весть». Однако, в действительности (особенно когда это касается служения Господа Иисуса и самой истины Евангелия), вернее будет говорить о «Евангелии Царства», «Евангелии Царства Божьего» или «Евангелии Царства небесного», а не просто о «Евангелии». Если мы упускаем Царство, то не имеем полноты послания.

Попытаюсь вкратце показать вам, что вытекает из понятия «Благая Весть Царства». Думаю, что это будет чем-то новым для многих из вас. Одна из причин, почему это незнакомо и трудно для понимания современных христиан, заключается в том, что мы не воспринимаем царство как форму правления. Большинство из нас было воспитано на понятиях демократии. Даже в моей родной Британии королевская семья служит больше для декорации политической системы, являясь неотъемлемым атрибутом власти, но в большинстве случаев не принимает участия в действительном управлении страной.

Мы должны осознать, что в Библейские времена общепринятым государственным строем была монархия — пожизненное правление одного человека — царя. При этом речь шла не о каком-то декоративном или причудливом пережитке прошлого, а о реальной, действующей и практической власти. Поэтому, когда мы говорим о Благой Вести Царства Божьего, мы говорим о Благой Вести Божьего правления в его истинном и действенном смысле. Речь не о том, чтобы нам иметь какое-то причудливое представление о Боге, восседающем на Престоле и правящем где-то высоко на небесах, — но чтобы нам встать под реальное правление Божье.

Этот вопрос является ключевым в данном послании и, полагаю, вы согласитесь со мной, что он получал не слишком большое освещение в церквях на протяжении многих столетий. В сознании людей, даже достаточно просвещенных в вопросах веры, само слово «Евангелие» было связано лишь со спасением, прощением грехов, обретением вечной жизни и небесами после смерти. Конечно же, всё это чрезвычайно важно, и всё это Евангелие включает в себя, но не это является главной сутью проповеди Евангелия в Новом Завете. Такое понимание является уклонением от сути.

Благая Весть Царства заключается в том, что Бог желает взять в Свои руки правление над человечеством. Трудно выразить словами всю важность этого откровения. Если мы говорим о Евангелии и вообще не упоминаем о пребывании под правлением Божьим, то упускаем самую суть.

Давайте обратимся к пророческому вступлению, которое было дано через пророка Исаию. Это знаменитое предсказание рождение Господа Иисуса Христа в Книге пророка Исаии 9:6-7:

Ибо младенец родился нам; Сын дан нам…

Во все века христиане понимали эти слова, как

предсказание о рождении Господа Иисуса Христа. Обратите внимание, насколько точно это предсказание: Он родился, как младенец (маленький ребенок), но в то же самое время Он родился, как Богом данный Сын Божий. Он не стал Божьим Сыном в тот момент, когда родился от девы Марии, – Сын Божий пришел, как новорожденный ребенок.

И каким же было сделано первое утверждение о Мессии-Спасителе?

...владычество на раменах Его...

О чём в первую очередь провозглашает Благая Весть? – о том, что на Его плечи будет возложена власть, и Он возьмет правление над всеми людьми.

...и нарекут имя Ему: Чудный, Советник, Бог крепкий, Отец вечности, Князь мира.

Я верю, что здесь перечисляются все те Его качества, которыми Он наделен для осуществления правления над человечеством. Стих 7:

Умножению владычества Его и мира нет предела...

Писание очень ясно говорит о том, что мир всегда зависит от хорошего правления. Без хорошего правления не будет мира, и отвергающие Божье правление, не познают настоящего мира. Пророк Исаия подчеркивает несколько раз, что для нечестивых и непокорных нет мира (Исаия 48:22, 57:21). Это опять-таки не соответствует современному образу мышления.

К сожалению, даже многие христиане видят в правительстве скорее враждебный фактор, виновный за множество проблем в нашей жизни. Однако истина состоит в том, что без власти не может быть мира. Поэтому народам бесполезно искать мир в обход правительств. Степень успеха правления определяется той мерой мира, которого оно достигает.

Вернемся к 7-му стиху:

Умножению владычества Его и мира нет предела...

С того момента, когда Его правление будет установлено, оно будет пребывать вечно и будет только всё больше умножаться. Обратите внимание на то, какого рода будет это правление:

...на престоле Давида и в царстве его...

Он собирается править как царь – не как премьер-министр, не как узурпатор и диктатор, но как царь. Далее сказано:

...чтобы Ему утвердить его и укрепить его судом и правдою...

Когда проповедовалось о Царстве, всегда первым упоминалась правда (правосудие, правда, праведность – это одно и то же слово в оригинале Библии, – *прим. ред.*), с которой Библия всегда связывает мир.

Итак, мы установили такие факты: без правления не может быть мира; правление должно обеспечивать правосудие; там, где есть правосудие (правда), – там будет мир. Затем сказано:

...отныне и до века.

Далее идет итоговая фраза, которая является Божьей гарантией, что это случится. Какой бы ни была реакция со стороны людей, Бог говорит:

Ревность Господа Саваофа соделает это.

Господь настолько всецело посвящен этой цели, что гарантирует нам: это обязательно произойдет.

Итак, мы получили представление о том, для чего пришел Иисус: *Он пришел, чтобы взять правление над всем человечеством.* Если вы проанализируете источник проблем человечества, то придете к заключению, что такое действие очень логично. Источником проблем является то, что человек отверг правление Божье, он восстал против Бога в Едемском саду и перестал подчиняться Божьей власти. Мы можем проследить начало всего зла, всех страданий и проблем рода людского с того дня, как это произошло. Все беды человечества имеют один-единственный источник — бунт против Бога.

Поэтому абсолютно логично, что Евангелие предусматривает возвращение к первоначальному положению вещей, — Божьему суверенному правлению, нарушение которого послужило причиной сегодняшнего состояния человечества. Восстановление состоит в возвращении под праведное Божье правление.

Потому все разговоры о «принятии Евангелия», «получении спасения», «присоединении к церкви» и тому подобное, — без принятия правления Бога над собой, в действительности, являются лишь самообманом. Игнорируя необходимость встать под Божье правление, вы упускаете саму суть и цель Евангелия. Вы не можете отделить спасение от Божьего правления. Понимая сущность Евангелия Царства, вы начнёте воспринимать многие вещи совсем иначе, и ваше отношение ко многому поменяется. Вы станете подвластными, зависимыми от Бога людьми.

На сегодняшний день трудно найти более неуправляемых людей, чем христиане. Однажды один брат, находящийся на собрании служителей, молился: *Боже, пошли нам пророков*. На что другой служитель заметил: *Боже, не надо! Потому что если Ты пошлёшь нам пророков, то мы их поубиваем!* Сомневаюсь, что где-то на земле есть сообщество людей, в котором есть меньше подчинения, чем в среде христиан.

Одна из главных причин такого состояния заключается в том, что мы имеем неправильное представление, чего от нас хочет Бог. Благая Весть Царства состоит в том, что Бог собирается править над нами. И если мы не готовы быть управляемыми, то у нас нет права на Благую Весть. Невозможно отделить Благую Весть от Божьего правления.

Давайте обратимся к Новому Завету и посмотрим на исполнение пророчества Исаии. Евангелие от Матфея 2:1-6:

Когда же Иисус родился в Вифлееме Иудейском во дни царя Ирода, пришли в Иерусалим волхвы с востока, и говорят: где родившийся Царь Иудейский?...

С самого начала Иисус был представлен человечеству не как Спаситель, – хотя Он, несомненно, был Спасителем – но как Царь.

...ибо мы видели звезду Его на востоке и пришли поклониться Ему.

Заметьте реакцию на такую новость со стороны существующей власти, потому что она практически всегда одинакова: власть имущие всегда приходят в беспокойство, когда слышат о новой власти. Стих 3:

Услышав это, Ирод царь встревожился, и весь Иерусалим с ним.

Почему царь пришел в беспокойство? Что было причиной? – он почувствовал угрозу для своего правления. Если вам известно о характере царя Ирода, то больше всего он боялся потерять свою власть. История подтверждает, что такое поведение является типичным. Царь Ирод не остановился перед убийством множества невинных младенцев ради устранения одного потенциального претендента на царский трон. Стих 4:

И собрав всех первосвященников и книжников народных, спрашивал у них: где должно родиться Христу?

Нельзя сказать, что по этому поводу было неведение. Стихи 5 и 6:

Они же сказали ему: в Вифлееме Иудейском, ибо так написано чрез пророка: «и ты, Вифлеем, земля Иудина, ничем не меньше воеводств Иудиных; ибо из тебя произойдет

Вождь, Который упасет народ Мой Израиля».

Еще раз обратите внимание на то, Кем Иисус пришел быть? − Вождем и Правителем! Реакция светской власти на новость, что есть другой царь, на протяжении веков не претерпела больших изменений − и по сей день власти боятся этого. Если наше послание не нервирует мирских правителей, то, возможно, в нём что-то неправильно.

Давайте перейдем к первоначальному провозглашению Царства. Место Писания, которое мы рассмотрим, представляет Иисуса и Его служение. Это можно назвать официальным подтверждением Его прихода и начала служения. Обратите внимание на главную тему − это постоянная мысль о скором пришествии Царства Божьего. Евангелие от Матфея 3:1-2:

В те дни приходит Иоанн Креститель и проповедует в пустыне Иудейской, и говорит: покайтесь, ибо приблизилось Царство Небесное.

О чём говорило послание Иоанна Крестителя? − Царство Божье при дверях! Не говорилось чего-то особого о прощении грехов. Весь основной упор делался на том, что Царство или правление Божье уже близко. Все евреи в то время ожидали правителя (Мессию), который смог бы восстановить их независимость и власть над их же землей. Поэтому они без труда понимали значение слов Иоанна. Даже если они и не приветствовали его проповедь, в любом случае они точно знали смысл сказанного: давно обещанный правитель вот-вот придет.

В Евангелии от Матфея 4:17 мы читаем о первом публичном выступлении Господа Иисуса, − фактически, это слова первой Его проповеди:

С того времени (т.е. когда Иоанн Креститель был посажен в тюрьму) *Иисус начал проповедывать* (я предпочитаю глагол «провозглашать» − вам необходимо помнить, что слово «проповедовать» – это глагол, образованный от существительного «глашатай») *и говорить: покайтесь, ибо приблизилось Царство Небесное.*

Он подхватил именно то послание, которое люди впервые услышали от Иоанна. Это было то же самое послание, без каких-нибудь изменений. За подтверждением вы можете обратиться к Евангелию от Марка 1:14-15, которое дает параллельное описание начала служения Христа:

После же того, как предан был Иоанн, пришел Иисус в Галилею, проповедуя Евангелие Царствия Божия и говоря, что исполнилось время (прежде всего, согласно пророчествам Даниила, которые говорят о времени прихода Царства) *и приблизилось Царствие Божие: покайтесь и веруйте в Евангелие.*

Веруйте в Благую Весть! О чём же провозглашает эта Благая Весть? – приблизилось Царство Божье!

Итак, первоначальное требование для тех, кто хочет получить пользу от проповеди Евангелия, суммировано в одном слове, которого я немного касался в предыдущей главе. Куда бы ни приходило послание Царства, в первую очередь звучало: *Покайтесь!* Первым неизменным требованием было покаяние. Почему? Давайте обратимся к Книге пророка Исаии 53:6:

Все мы блуждали как овцы...

Это истинно по отношению к каждому человеку:

...совратились каждый на свою дорогу...

Обратите внимание, что в этом виновен каждый человек. Это является главной и всеобщей проблемой человечества. Не все совершали убийство или прелюбодеяние, воровство или пьянство, но есть одна вещь, которую сделали все мы – каждый из нас совратился на свою собственную дорогу. Далее пророк говорит:

...и Господь возложил на Него грехи всех нас.

Чем является обращение на свой собственный путь? — *грехом* или *беззаконием*. В оригинальном тексте стоит очень сильное слово, которое лучше перевести как *мятеж* или *бунт*. Корнем проблем всего человечества является то, что все мы — бунтовщики, не подчиняющиеся Божьему праведному правлению.

Но, слава Богу, что Он возложил на Иисуса вину за весь наш бунт и все злые последствия нашего бунта — вот суть совершенного на Кресте. Бог покарал во Христе бунт всего человечества и все злые последствия этого бунта, чтобы покаявшиеся и верующие в это могли получить всё то благо, которое причиталось безгрешному послушанию Иисуса. Это суть Божественного обмена, совершенного на Кресте. Всё зло надлежащее нам пришло на Иисуса, чтобы всё благо, заслуженное Христом, стало в Нем доступно для нас. Одним действием Бог обеспечил на все века все нужды человечества: духовные, интеллектуальные, эмоциональные, физические, материальные, вечные... Все это было обеспечено одной величайшей жертвой Иисуса Христа на Кресте. Однако корнем всех проблем человечества был бунт против Божьего праведного правления, и Бог на Кресте разделался с ним и его последствиями.

Таким образом, почему все мы должны покаяться? — потому что все мы были бунтовщиками. Нет дороги в Царство Божье, которая миновала бы покаяние. Как уже было сказано, покаяние — это внутренне изменение направления мышления и внешний разворот на 180 градусов. Покаяние — это не эмоции. Оно может сопровождаться эмоциями, но суть покаяния в решении воли.

Говоря современным языком, мы признаем, что были заняты своими собственными делами; жили, угождая себе; устанавливали свои собственные стандарты, принципы и цели, подгоняя их под себя. Всю свою жизнь мы, по сути, угождали самим себе. Но теперь мы раскаиваемся в этом и не хотим больше так поступать. И вот мы, Боже, безоговорочно покоряемся Тебе, и наша жизнь теперь принадлежит не нам, а Тебе. Скажи, что нам делать, и мы сделаем это! – Именно это называется покаянием, и ничто меньшее не поможет вам попасть в Царство. Есть много «спасенных людей», которые в действительности не имеют в своей жизни ничего общего с Царством и спасением, потому что они на самом деле так и не покаялись.

Иисус не только провозглашал, но и демонстрировал Царство. Вернемся к Евангелию от Матфея 4:23-24, которое описывает начало Его служения:

И ходил Иисус по всей Галилее, уча в синагогах их и проповедуя Евангелие Царствия...

Я бы предпочел перевести это так: *провозглашая Благую Весть Царства.* Что было хорошей новостью? – Царство!

...и исцеляя всякую болезнь и всякую немощь в людях. И прошел о Нем слух по всей Сирии; и приводили к Нему всех немощных, одержимых различными болезнями и припадками, и бесноватых, и лунатиков, и расслабленных, и Он исцелял их.

Здесь находится основная мысль, которую я хочу передать вам: *послание определяет результаты.* Когда Иисус проповедовал Божье Царство, Он проявлял Божье правление и Божью власть. Есть три вещи, которые не выдерживают встречи с Царством: грех, болезнь и демоны. Всякий раз, когда люди встречались с Царством в лице Иисуса, тогда грехи, болезни и демоны должны были быть выявлены и признать свое полное поражение.

Меня всегда радует, когда меня просят учить о служении исцеления. Однако я пришел к выводу, что значительная часть из того, что мы называем «служением исцеления», является тем, что, по словам Иисуса, человек благоразумный не делает. Очень часто это попытка прикрыть заплатой из новой ткани ветхую одежду старой жизни, и новая заплата просто разрывает старый материал и делает дыру еще больше.

Я имею в виду людей, проводящих плотскую жизнь самоудовлетворения, которые не дают Богу больше, чем это подходит им. Они предоставляют Богу два-три часа, посещая воскресное «служение исцеления», ожидая, что Бог приложит новую заплатку Своего сверхъестественного благословения на их старый самоугождающий образ жизни. Это не просто не работает, но и не предназначено для того, чтобы работать таким образом. Послание исцеления предназначено для людей, которые приняли Царя и Царство. Вне Царства нет никаких обетований исцеления.

Еще раз взгляните на эти стихи — они дают яркую картину: Иисус провозглашает Благую Весть Царства людям. Но благодаря чему они знали, что Царство грядет? Это было очевидно для всех. Любой человек мог встать и засвидетельствовать, что приходит Царство Божье. Что служило подтверждением этому? — то, что Иисус исцелял все виды болезней и немощей.

В следующем стихе дается очень подробное перечисление всякого рода физических, интеллектуальных, эмоциональных и демонических проблем, которыми люди могут страдать. Просто посмотрите на этот список. Стих 24:

...и приводили к Нему всех немощных, одержимых различными болезнями и припадками...

В оригинале говорится о болезнях и мучениях — а они могут быть как физическими, так и ментальными и эмоциональными. Я, например, всегда воспринимаю артрит как мучение.

...и бесноватых, и лунатиков (эпилептиков), *и расслабленных* (паралитиков)...

Согласно терминологии того времени здесь перечислены все виды заболеваний и мучений, и Царство Божье разбирается со всеми ними. Никакая форма демонической силы, никакая форма греха или болезни не могла сосуществовать с Царством Божьим. Как видите, это послание действительно ощутимо, оно имеет реальный смысл.

Обратимся к последней книге Ветхого Завета − Книга пророка Малахии 4:2:

А для вас, благоговеющие пред именем Моим, взойдет Солнце правды и исцеление в лучах Его...

Солнце правды или праведности − это одно из имен Иисуса. Он является Солнцем правды, Которое приносит что? − исцеление. Свет личности Иисуса приносит праведность и исцеление. В то время как тьма и силы врага приносят грех и болезни.

Обратимся к Евангелию от Матфея 4:23-24, где Новый Завет дает комментарий об этом восхитительном и славном факте: когда начинает сиять Солнце праведности, то ни грех, ни болезнь, ни демоны не могут устоять в Его свете. Просто тот факт, что вы после смерти пойдете на небо − это тоже чудесно, но одно это меня не так восхищает. Я заинтересован в том, чтобы что-то случилось здесь, − еще до того, как я умру. Если цель Евангелия состоит только в том, чтобы привести вас на небеса после смерти, тогда многое из происходящего на земле просто не имеет никакого смысла.

Возможно, вы слышали историю о двух методистах − вероятно, это было в те давние времена, когда методисты были настоящими методистами. Один из них был проповедником, а другой − стрелком. Проповедник ходил и всюду проповедовал, делая призыв к покаянию и спасению. Он призывал людей оставить всё и безоговорочно отдать свою жизнь Господу

Иисусу Христу. Когда проповедник убеждался, что люди действительно приняли спасение, выходил вперед второй брат и застреливал их. Как вы понимаете, при таком подходе к делу не могло быть никаких отступников! Если единственная цель Евангелия заключается в том, чтобы привести людей на небо, то почему бы ни пойти туда побыстрее?

Однажды человек спросил проповедника: *«По-паду ли я на небо, если ем свинину?»* Тот ответил: *«Да... и, видимо, вы попадете туда намного бы-стрее».* Не поймите меня неправильно, я не выступаю против употребления свинины в пищу, хотя я сам не ем ее.

Мы немного уклонились, но давайте продолжим нашу тему. Видите ли, так получилось (пусть и ненамеренно), что сегодня во многих церквях людям вместо Евангелия представляется то, что является лишь подобием Евангелия и имеет очень мало общего с действительным Посланием Нового Завета. Возможно, в какой-то мере мы пережили Божью благодать – и это прекрасно, но мы продвинулись недостаточно глубоко.

Следующее, что мы рассмотрим, это молитва о Царстве. Не правда ли, наши молитвы и наша проповедь должны быть связаны друг с другом? Будет странно, если мы будем проповедовать об одном, а молиться о другом. В действиях Иисуса всегда присутствовала последовательность. Провозглашая Царство, Он учил Своих учеников тому, как молиться о нем. Евангелие от Матфея 6:9-10:

> *Молитесь же так: Отче наш, сущий на небесах! да святится имя Твое...*

Вот так звучит наше обращение к Богу. Мы немного остановимся на этом, потому что эти слова такие лаконичные, но в тоже время настолько совершенные. В греческом оригинале первым стоит обращение: «Отец». Таким образом, вы начинаете с самого ключевого момента ваших взаимоотношений с Богом — вы приходите к Нему как сын. То, что вы молитесь Отцу, меняет всё в вашей молитве. Затем вы говорите о том, что Он не только ваш Отец, но Он — *Отец наш*, — это просто для понимания, что у Бога есть много других детей, кроме вас. Вам не позволено быть сконцентрированным на себе. После этого мы принимаем правильное отношение, которым являются почтение и поклонение: *«да святится имя Твое»*. Именно такие основные принципы заложены в наше приближение к Богу.

Приступив надлежащим образом, мы готовы начинать само молитвенное прошение. Какой является первая просьба? — *«да приидет Царствие Твое!»* Вы понимаете, что этот вопрос стоит выше всех ваших личных нужд: вашего ежедневного хлеба, прощения ваших грехов и всего остального.

Итак, что имеет высший приоритет? — *пришествие Божьего Царства*. Скажу вам, что вы только тогда молитесь в полном согласии с волей Божьей, когда ваши молитвы имеют ту же самую мотивацию и те же самые приоритеты. Первое, что имеет значение — это пришествие Божьего Царства. Думаю, что вы согласитесь со мной, что молитвы многих христиан должны прийти в правильный порядок.

Полагаю, мы можем сказать, что в этом нуждается большинство христиан. Мы слишком сконцентрированы на себе и на своих маленьких личных нуждах. Можно сказать, что современное западное христианство в большинстве своем полагает, что Бог существует лишь для нашей пользы. Мы не считаем, что должны вращаться вокруг Него, а ожидаем, что Бог будет вращаться вокруг нас. Это абсолютно неверное представление о наших взаимоотношениях с Богом. Это сводит наше общение с Ним к минимуму. Богу отводится роль своего рода небесного торгового аппарата — если вы находите правильное отверстие и вставляете туда нужную монетку, то получаете благословение, как банку «Кока-Колы», чашку кофе или пачку чипсов. Как вы понимаете, это совершенно неправильное представление о Боге. Он не собирается меняться — Бог совершенный и поэтому неизменный! Если кому-то и надо измениться, то угадайте, кому? Если что-то неправильно в наших взаимоотношениях с Богом, то необходимо меняться именно нам.

Результатом грехопадения было то, что человек очутился в тюрьме сосредоточенности на себе, зацикленности на своем эго. Он воспринимает мир так, как будто всё вращается вокруг его маленького мирка, человек заперт в тюрьму своих естественных чувств. Когда приходит спасение, то оно освобождает нас из этого состояния, разбивает наши оковы и выводит нас на свободу. Оно восстанавливает наше правильное восприятие мира, в котором Бог находится в центре, а мы вращаемся вокруг Него.

Многие христиане подобны людям Средневековья, которые считали, что Солнце вращается вокруг них. Почему они так думали? — потому что полагали, что Земля является центром Вселенной. Мы знаем, что Земля, вращается вокруг Солнца, а значит и мы. Мы вращаемся вокруг Солнца праведности, а не Он вращается вокруг нас — Бог является центром бытия.

Давайте посмотрим далее на эту молитву. Стих 10:

...да приидет Царствие Твое; да будет воля Твоя (где?) *и на земле, как на небе...*

Куда Бог хочет принести Свое Царство? — *на землю*, правильно. Еще раз скажу, что у нас очень часто такое отношение, что Евангелие — это способ уйти с земли на небо. Как мы поем: *«однажды я покину эту землю»*. Нет ничего неверного в этом, — но при условии, если вы видите это под правильным углом зрения. При внимательном изучении Нового Завета мы получаем удивительное откровение, что Божьей целью является не столько привести нас на небеса, сколько небеса свести к нам. Что является конечной темой книги Откровение? − *Новый Иерусалим, сходящий с небес на землю.* Но, как вы знаете, мы редко думаем в таком направлении. Поэтому, если вы позволите Богу быть в центре, то получите откровение, которое повлияет на вас так, как это не могло бы произойти, пока вы были сосредоточены на себе.

Имея такую перспективу, давайте вслух произнесем два первых стиха этой молитвы:

Отче наш, сущий на небесах! да святится имя Твое; да приидет Царствие Твое; да будет воля Твоя и на земле, как на небе...

После того как вы произнесли эти слова, вы уже не можете продолжать жить для самих себя, не став при этом лицемерами. Потому что вы сказали, что первейшим приоритетом в вашей жизни является пришествие Божьего Царства на землю. Вы поставили это прежде всех своих личных проблем и нужд.

Давайте обратимся к обетованию, данному людям, которые искренне живут так. Это записано в той же самой главе − Евангелие от Матфея 6:33:

Ищите же прежде Царства Божия и правды (праведности) *Его, и это все приложится вам.*

Обратите внимание, что вне Царства Божьего нет праведности. Вы не можете быть праведником, находясь вне Царства Божьего, потому что если вы находитесь вне его, то вы − бунтарь, а бунтарской праведности не существует. Единственное место, где вы можете быть праведным − это находясь под Божьим правлением. Поэтому мы должны, прежде всего, искать, даже не праведности, но Царства Божьего − а в нем мы найдем праведность. И что произойдет тогда? − все остальные нужды вашей жизни найдут свое разрешение. Это произойдет в том случае, если мы расставим правильные приоритеты. Верите ли вы в это? Если вы верите в это, то живете ли вы так?

Когда я был молодым проповедником, то нередко молился о деньгах, в которых действительно нуждался. В то время мы с женой имели восемь приемных дочерей, и нам требовалось достаточно много денег на продукты и другие нужды. Я помню то время, когда должен был покупать лезвия для бритвы поштучно, потому что у меня не было денег купить пачку. Я верил в молитву о финансовых нуждах, и нет ничего неправильного в этом, но со временем я научился тому, что если я сосредоточиваю свое внимание на Царстве Божьем, то получаю намного больше, чем когда просто молюсь о деньгах. Это действительно работает. Если вы находитесь в согласии с Божьими приоритетами, то Бог позаботится о вас.

Могу сказать, что я практичный человек, как говорится, крепко стою двумя ногами на земле. И я узнал, что всё это абсолютно практично, поэтому хочу воодушевить вас сделать шаг в вере и испытать это обетование, хотя уверен, что многие из вас уже пережили это на собственном опыте. Итак, ищите прежде Царства Божьего и праведности Его, и всё остальное приложится вам. Делайте это в вере, а не в самоуверенности − прежде чем начинать движение, вы должны получить ясное водительство от Бога. При этом должен сказать − не смотря на все мои слабости и те моменты, когда я не употреблял веру, которую мне следовало употреблять − я переживаю истинность этого обетования в течение многих лет.

Если вы ищете Божьей воли, то в конечном итоге не сможете назвать Бога скупым − вы убедитесь в щедрости Божьей. Будут времена испытаний, но (как я говорю служителям, которых выгоняют из церквей) спустя время вы обнаружите, что Бог более щедрый, чем церковный совет. Поэтому я хочу засвидетельствовать о Его верности и сказать, что это обетование работает. Однако помните, что принцип пребывания в Царстве состоит в том, чтобы первостепенной задачей вашей жизни было установления

Божьего Царства на земле. Исполняйте то, что Бог говорит вам делать, и Он позаботится о ваших земных нуждах — это Его обетование.

Далее, Иисус не только провозгласил Свое послание, но Он выслал Своих апостолов (после того как подготовил их) и передал им то же самое послание и (обратите внимание!) то же самое предвкушение прихода Царства. Ничего не поменялось, уровень не был понижен. Не было так, что Иисус был на одном уровне с одним посланием, а Его ученики немного опустили планку и проповедовали уже несколько иное послание. Было только одно Послание и одно свидетельство для всех, провозглашающих Благую Весть Царства.

Давайте обратимся к Евангелию от Матфея 10:1-8:

И призвав двенадцать учеников Своих, Он дал им власть над нечистыми духами...

Вот первое снаряжение, которое необходимо для того, чтобы идти провозглашать Благую Весть — это власть над нечистыми духами. Никто в Новом Завете не был послан для проповеди Евангелия без того, чтобы ему не была дана власть над нечистыми духами. Вы не сможете найти таких примеров в Библии.

... чтобы изгонять их и врачевать всякую болезнь и всякую немощь.

Не правда ли, звучит очень знакомо? Мы читали точно такие же слова в четвертой главе Евангелия от Матфея. Со 2-го по 4-й стих идет перечисление двенадцати апостолов. Стих 5:

Сих двенадцать послал Иисус и заповедал им, говоря: на путь к язычникам не ходите и в город Самарянский не входите...

Многие люди не понимают, почему ученикам тогда нельзя было идти к язычникам. Божья программа Царства должна была в первую очередь быть предложена одному народу, который был специально подготовлен к принятию Царства. Этим народом был Израиль. Царство не предлагалось другим народам до смерти и воскресения Христа. Поэтому в тот момент Иисус недвусмысленно приказывает им не заходить к язычникам.

Когда женщина-хананеянка пришла к Иисусу ради одержимой демоном дочери, то Он довольно резко отказался слушать ее. Он сказал, что негоже забрать хлеб у детей и бросить псам (Матф. 15:26), потому что она была не из того народа, которому предлагалось Царство. Однако женщина была настолько настойчивой и смиренной, что получила желаемое и даже более того. Но вы должны понять, почему Иисус относился к ней иначе: Он был уполномочен Отцом провозглашать Благую Весть еврейскому народу. Мы рассмотрим это немного позже.

Что же они должны были делать? Евангелие от Матфея 10:6-7:

> *...а идите наипаче к погибшим овцам дома Израилева; ходя же, проповедуйте, что приблизилось Царство Небесное...*

Послание не изменилось! Если Царство Божье уже при дверях, то какое есть подтверждение этому? Стих 8:

> *...больных исцеляйте, прокаженных очищайте, мертвых воскрешайте, бесов изгоняйте...*

Звучит очень знакомо, не правда ли? Ничего не меняется. Дело не в глашатае – дело в послании!

> *...даром получили, даром давайте.*

Ученики ничего не покупали, поэтому они не должны ничего продавать! – мне нравится этот отрывок.

Вы можете спросить: «*Брат Принс, а вы когда-нибудь видели мертвых воскресшими?*» Вне всякого сомнения – видел! В течение пяти лет я был директором колледжа по подготовке учителей в Кении (Восточная Африка), и лично был свидетелем воскресения из мертвых двух моих студентов. Еще я слышал свидетельства многих африканских проповедников о том, что они видели людей, воскресших из мертвых.

В моей практике не было случая очищения от проказы — должен признать, что в этой сфере служения исцеления у меня есть пробел — но я знаю человека, который получил чудесное исцеление. Я верю в молитву о воскрешении мертвых — ясно, что не всех сразу — и воскрешение мертвых является частью свидетельства Царства. Мы демонстрируем победу над смертью, как и над всем остальным злом. Я горячо верю в необходимость изгнания бесов и практикую это. Я верю в исцеление больных, и хочу служить в этом намного лучше, чем служу сейчас.

Следующий жизненно важный момент состоит в том, что как только Царство Божье провозглашено и продемонстрировано, то это само собой выявляет существование противоборствующего царства, которое является царством сатаны. Если ваши действия не приводят к проявлению сатанинского царства, вы можете быть почти на 100% уверены, что ваше послание не имеет силы. Провозглашение и подтверждение Послания Божьего Царства всегда служит к обнаружению факта существования царства сатаны.

Во время моего пребывания в Кении, Министерство образования страны распространило по всей стране фильм, названный *Враждебное царство*. Это был впечатляющий фильм о том, что, несмотря на то, что человек стоит выше насекомых, его жизнь и имущество находятся под постоянными атаками со стороны царства насекомых. Одной из самых больших проблем тех дней в Кении была малярия. Каждые десять секунд на земле от малярии умирает человек. Малярией человек заражается через насекомых.

На этом примере мы можем понять, что есть враждебное нам царство. Пусть не насекомых, но царство духовных существ, злых духов, восставших ангелов. И везде, где Царство Божье действительно проявляет себя, там будет соответствующее проявление сатанинского царства.

Давайте заглянем в Евангелие от Матфея 12:22:

Тогда привели к Нему бесноватого слепого и немого; и исцелил его, так-что слепой и немой стал и говорить и видеть.

Здесь говорится о том, что человек был слепым (не мог видеть) и немым (не мог говорить), — и всё это было по причине злого духа. Когда нечистый дух был изгнан, этот человек смог видеть и говорить.

Однажды на наше служение пришла одна пожилая сестра 86-ти лет. Ее привел сын, который рассказал, что она потеряла свое зрение и была практически слепа. Она засвидетельствовала нам, что в ее жизни произошло четыре чуда. На что я ответил, что мы собираемся получить пятое. После чего я подумал, что теперь следует подтвердить эти слова. Это не было экспериментом — я чувствовал побуждение изгнать духа слепоты.

Мы с Руфью начали молиться за эту женщину, и что-то сошло на нее. Она началась трястись и всхлипывать. Мы посадили ее в кресло. Ее сын пытался утешить ее, чтобы она перестала трястись и всхлипывать. Мы попросили его не останавливать ее, потому что хотели, чтобы то, что находилось в ней, вышло наружу. Если что-то есть внутри человека, то пусть выйдет — не мешайте этому. После этого мы начали молиться за других людей, и не прошло и десяти минут, как эта женщина подошла к нам и сказала, что она может видеть лица и глаза людей. Ее сын засвидетельствовал, что ее зрение было восстановлено. Слава Богу, это работает!

Но это всего лишь верхушка айсберга — такое должно происходить постоянно. На том же самом собрании к нам подошел человек глухой на оба уха.

Я вложил пальцы в его уши и помолился о нем. Он сразу стал слышать обоими ушами.

Далее, Евангелие от Матфея 12:23-24:

И дивился весь народ и говорил: не Сей ли Христос, сын Давидов? Фарисеи же, услышав сие, сказали: Он изгоняет бесов не иначе, как силою веельзевула, князя бесовского.

Другими словами, они обвинили Иисуса в том, что Он имел договор с сатаной. Это очень серьезное заявление. Стихи 25 и 26:

Но Иисус, зная помышления их, сказал им: всякое царство, разделившееся само в себе, опустеет; и всякий город или дом, разделившийся сам в себе, не устоит. И если сатана сатану изгоняет, то он разделился сам с собою: как же устоит царство его?

Обратите внимание, что у сатаны есть свое царство, и нам необходимо уяснить себе это. Стихи 27 и 28:

И если Я силою веельзевула изгоняю бесов, то сыновья ваши чьею силою изгоняют? Посему они будут вам судьями. Если же Я Духом Божиим изгоняю бесов, то конечно достигло до вас Царствие Божие.

Вы видите столкновение двух невидимых царств. Царство Божье представлено Иисусом, а сатанинское царство представлено бесами. И когда бесы вынуждены подчиниться власти Иисуса и силе Святого Духа, это демонстрирует победу Царства Божьего над царством сатаны. По моему мнению, сатана более всего ненавидит служение освобождения по той причине, что оно открыто демонстрирует две вещи: 1) реальность существования двух невидимых царств и 2) тот факт, что Царство Божье превосходит и побеждает царство сатаны.

3. ЦАРСТВО ДЛЯ ВСЕХ НАРОДОВ

В двух предыдущих главах речь шла о том факте, что мы живем во времена восстановления Божьего народа. Сердцем данного восстановления является восстановление Церкви Иисуса Христа в ее Богом данном наследии во Христе. Мы говорили о трех главных аспектах этого восстановления: 1) восстановление духовных даров (см. 1 Кор. 12:8-10); 2) восстановление даров служения, созидающих Тело Христово (см. Ефес. 4:11-13); 3) восстановление послания, которое, как я верю, играет ключевую роль во всем процессе восстановления.

Мы увидели, что послание, как оно предоставлено в Новом Завете, с самого начала является Благой Вестью Царства Божьего. Было бы не совсем верно называть его просто Благой Вестью, просто Евангелием или Евангелием спасения — хотя последнее словосочетание широко используется сегодня. Главной темой Благой Вести является Царство Божье. Благая Весть Царства заключается в том, что Бог хочет установить Свое суверенное правление над человечеством. Это является единственным реальным и практичным решением всех проблем всего человечества — как личных, так и общих. Единственным окончательным решением проблем человечества является правление Божье.

Божье правление — это не демократия. Хотя это звучит шокирующе для большинства американцев, но ничего не поделаешь — это именно так. Божье правление — это Царство, и там не будет никаких выборов правителя, Царь уже назначен и утвержден — Его имя Иисус.

Мы убедились, что не только Сам Иисус проповедовал это, но и тот, кто шел перед Ним. Иоанн Креститель провозглашал то же самое послание. Их слова были идентичными: *«покайтесь, ибо приблизилось Царство Небесное».* Мы увидели, как Иисус не только провозглашал это послание, но и демонстрировал его реальность, особенно в исцелении всех больных, освобождении всех находящихся под влиянием сатаны и в изгнании бесов, — это не может быть отделено от Благой Вести Царства, и является подтверждением прихода Царства Божьего.

Если мы заходим с другой стороны и ищем исцеление для больных и освобождение для угнетенных, то должны понимать, что это произойдёт лишь истиной Благой Вести Царства. Я всё более и более убеждаюсь в этом. Мы должны высвободить то послание, которое Бог хочет подтвердить сверхъестественным образом.

Во второй части мы приблизились к ключевому моменту, о котором говорится в 12-й главе Евангелия от Матфея. Там описан случай, когда к Иисусу пришел слепой и немой человек. Иисус определил эту проблему, как следствие нахождения нечистого духа в человеке. Он подошел к этому не как к физической проблеме, но как к духовной. Решением этой проблемы стало изгнание нечистого духа из человека; когда это произошло, то человек смог, и говорить, и видеть. Обычные люди начали задавать друг другу вопрос о том, что может быть Иисус и есть сын Давида, обещанный Мессия? Такое настроение в народе вызвало досаду среди фарисеев, и они начали критиковать Иисуса, распространяя такой домысел, что успех Иисуса в изгнании бесов был вызван тем, что Он заключил соглашение с сатаной. Иисус знал их мысли и ответил следующим образом, Евангелие от Матфея 12:25-26:

...Всякое царство, разделившееся само в себе, опустеет; и всякий город или дом, разделившийся сам в себе, не устоит. И если сатана сатану изгоняет, то он разделился сам с собою: как же устоит царство его?

Обратите внимание, Иисус очень ясно говорит о том, что у сатаны есть царство, и что царство сатаны не имеет внутреннего разделения. Сатана имеет высший и абсолютный контроль над своим царством. Стихи 27 и 28:

И если Я силою веельзевула изгоняю бесов, то сыновья ваши чьею силою изгоняют? Посему они будут вам судьями. Если же Я Духом Божиим изгоняю бесов, то конечно достигло до вас Царствие Божие.

Полагаю, что это было поворотным пунктом. Это происшествие вскрыло существование двух невидимых, духовных царств: Царства Божьего и царства сатаны. Был явлен факт, что эти царства находятся в прямом противодействии друг другу: где властвует царство сатаны, там нет Царства Божьего; где наступает Царство Божье, там царство сатаны должно отступить. В частности тот факт, что Иисус был способен изгонять нечистых духов властью, данной Ему Богом, свидетельствовал о том, что: 1) Царство Божье пришло в эту ситуацию, 2) оно сильнее царства сатаны.

Это был очень интересный момент в служении Иисуса, который можно назвать поворотным. Если вы проанализируете Евангелие от Матфея, то обнаружите, что вплоть до этого Иисус был популярен – Его шумно приветствовали повсюду, огромные толпы народа следовали за Ним, многие были близки к тому, чтобы признать Его Мессией. Но начиная с этого момента была сформирована оппозиция. Неприязнь и ненависть к Нему стали возрастать. Начали разрабатываться планы по Его устранению. В конце концов, всё это закончилось предательством и распятием.

Полагаю, этот поворотный момент очень показателен, и он подчеркивает тот факт, что сатана причинит столько вреда, насколько он только способен всякому человеку во всякое время. Он противится любому добру. Но более всего он озабочен защитой и поддержкой своего царства. Когда появляется угроза его царству, тогда он реагирует и отвечает со всем злом, яростью, хитростью, силой, – какие только есть в его распоряжении. Полагаю, служа Господу, нам важно понимать это. Сатана досадует по поводу каждой души, которую он теряет; каждой души, которая получает спасение. Он будет воевать против открытия любой церкви, которая действительно представляет истину и способствует распространению Господства Иисуса Христа.

Однако даже если огромное множество людей обретет спасение – царство сатаны будет стоять. Может быть открыто огромное количество новых церквей – но и тогда его царство будет стоять. Однако когда мы входим в ту сферу, где действительно угрожаем устоям его царства, тогда он будет делать всё, на что он способен, чтобы защитить свое царство. Противостояние достигнет невероятного уровня, потому что его главной целью является защита своего царства.

Должен честно сказать о том, что многое из того, что делают христиане, не представляет никакой реальной угрозы сатанинскому царству. Всем этим можно заниматься на протяжении веков, и царство сатаны не потерпит от этого никакого урона. Но стоит кому-то получить видение того, что может низвергнуть это царство, – поверьте мне, противостояние такому человеку поднимется на совершенно иной уровень. Это будет что-то невообразимое. Если вы пока находитесь вне зоны яростных атак сатанинского царства, то вам лучше быть готовым для такого рода нападок, каких обычный христианин не встречает.

Хотелось бы дать вам несколько прекрасных мест Писания о той силе, которую провозглашал Иисус. Я очень люблю эти места Писания, и мне не нужно искать их в Библии, потому что они написаны на моем сердце. Первое послание Коринфянам 4:20:

...ибо Царство Божие не в слове, а в силе.

Как важно понимать это! В конечном итоге, вопрос не в теологии и учении. Учение очень важно, но вы можете знать всё учение и всю теологию и, при этом, оставаться за пределами Царства. Писание ясно говорит, что Царство Божие в силе! – позднее мы рассмотрим это подробнее.

Окончательное противостояние, которое будет иметь место в конце века сего, будет не в области учения и теологии, но на уровне силы. Явно, что сатана наращивает свои мышцы – осталось увидеть, открывает ли Церковь себя для силы Божьей. В любом случае – это не будет сражением в теологической плоскости.

Для меня примером этому являются противостояния Моисея с фараоном, когда пророк приходил с посланием от Господа об освобождении Израиля. Фараон относился к словам Моисея несколько цинично: *«Кто такой Господь? Как ты подтвердишь, что принес послание от Него?»* Господь повелел Моисею сделать то, что он до этого уже делал в пустыне... Кстати, всегда хорошо иметь небольшой предварительный практический опыт – когда я вошел в публичное служение освобождения, я был очень рад, что у меня уже была небольшая личная практика в этом вопросе.

Итак, Господь повелел Моисею бросить жезл, и тот превратился в змея. О, наверное, это убедило фараона?! – но нет. Он спросил у своих волхвов, что могут сделать они. Волхвы бросили свои жезлы, и те тоже превратились в змеев. Вы наверняка читали об этом. В Библии написано об этом очень ясно – сатана обладает сверхъестественной силой. Но там была только одна разница – змей Моисея пожрал змеев египетских колдунов. Представляли ли вы для себя эту ситуацию? Стало быть Моисей ушел с более толстым и прочным посохом, а жрецы остались без жезлов!

Тем не менее, это еще не конец! Даже это не впечатлило фараона. Он сказал: *«Мои волхвы могут делать то же самое, что и ты, Моисей. Что еще ты можешь предложить?»* Моисей обратил воду в кровь. Фараон обратился к своим волхвам: *«Что вы на это скажете?»* Они ответили, что могут сделать то же самое, и сделали! Фараон спросил у Моисея: *«Что-то еще?»* Моисей ответил, что он может вывести лягушек из рек, и сделал это. Фараон опять обращается к своим волхвам, и они говорят о том, что могут сделать то же самое, и делают!

Три первых сверхъестественных чуда, которые произвел Моисей, колдуны Египта смогли повторить. Затем Моисей обратил пыль в нарывы на телах египтян. Волхвы попытались сделать то же самое и не смогли. Они сказали, что это *«перст Божий»* (Исх. 8:19). Вы понимаете, что эти люди были прагматиками? – им надо было на практике убедиться в силе слов Моисея. Они согласились с тем, что это чудо находится на более высоком уровне, чем тот уровень, который может достичь их магия. Они не хотели смириться ни с чем, что обладало меньшей силой, чем имели они. Да и почему они должны были смиряться?

Второе послание Тимофею 3:1-2:

Знай же, что в последние дни наступят времена тяжкие. Ибо люди будут самолюбивы, сребролюбивы, горды...

Затем следует перечень той всеобщей и полной деградации человеческого характера, которой будет отмечена кончина века, − многое из чего очень явно проявляется в нашей современной культуре. Этот список моральных извращений начинается и заканчивается тем, что люди любят: *«будут любителями себя... любителями денег... и любителями удовольствий».* Какие три характеристики могут лучше описать состояние нашего сегодняшнего общества?

Затем Павел продолжает в стихах 8 и 9:

Как Ианний и Иамврий противились Моисею...

Это имена тех египетских колдунов.

...так и сии противятся истине, люди, развращенные умом, невежды в вере. Но они немного успеют; ибо их безумие обнаружится пред всеми, как и с теми случилось.

Неспособность египетских волхвов противостоять истине обнаружилась перед всеми. Таким образом, вы можете понять, что ближе к кончине века будут иметь значение не теологические аргументы, но демонстрация сверхъестественной силы. Народ Божий должен принять силу, которая будет более той силы, которой обладают оккультисты.

Дорогие братья и сестры, на сегодняшний момент большинство в Божьем народе не имеет никакой сверхъестественной силы вообще, не говоря уже о той, которая больше силы поклонников сатаны. Итак, это один из принципов, о котором мы должны помнить всегда. Думаю, если мы будем оценивать себя по некоторым местам Писания, то у нас останется немного места для гордости. Полагаю, проблема состоит в том, что мы оцениваем самих себя на основании вещей отвлеченных от нашей практической жизни.

Царство Божье не в слове, но в силе. Давайте не начинать хвалиться до тех пор, пока не достигнем чего-то, чем действительно можно хвалиться. Имеют значение ни слова, ни хорошо подогнанная доктрина, ни ритуалы, ни церемонии и ни церковные представления на публике — имеет значение сила, которая производит перемены.

Есть одно место в Книге Екклесиаста, которое я очень люблю. Кто из вас уделяет много внимания Книге Екклесиаста? Уверен, что мог бы порекомендовать вам уделять ей больше времени, потому что это полезная книга во многих отношениях. Екклесиаст 8:4:

> *Где слово царя, там власть; и кто скажет ему: «что ты делаешь?»*

Итак, мы имеем слово Царя — это послание Царства, провозглашение Царства, которое обращено к нам. В этом слове есть сила, и кто может противостать ей?

Чтобы получить общую картину о том, как был представляем Иисус и Его первые ученики, вернемся к книге Деяния, где описано произошедшее в городе Фессалоники. Апостол Павел проповедовал в синагоге и его слова нашли определенный отклик среди слушателей. Однако иудеи с горькой ревностью отреагировали на то, что язычники с радостью приняли слова Павла. Они стали подстрекать к беспорядкам и подняли целый бунт. Деяния 17:5-7:

> *Но неуверовавшие Иудеи, возревновавши и взявши с площади некоторых негодных людей, собрались толпою и возмущали город и, приступивши к дому Иасона, домогались вывесть их (Павла и Силу) к народу. Не нашедши же их, повлекли Иасона и некоторых братьев к городским начальникам, крича, что эти всесветные возмутители пришли и сюда...*

Могли бы они сказать о вас и обо мне, что мы являемся *«всесветными возмутителями»* или, как сказано в одном переводе, *«теми, кто переворачивает мир вверх ногами»*? Отнеслись бы вы к таким словам, как к комплименту? Знает ли вообще хоть кто-нибудь за пределами церкви, что в данной местности есть христиане? Я помню, как мой друг-миссионер в Восточной Африке планировал открыть церковь в новом городе, и он сказал следующее: *«Разозлит их это или обрадует, но пусть эти люди узнают о том, что мы пришли!»* Эти слова выражают и мое отношение — худшее, что может случиться, это то, что никто нас вообще не заметит.

> *... эти всесветные возмутители пришли и сюда, а Иасон принял их; и все они поступают против повелений кесаря, почитая другого царем, Иисуса.*

Это было их впечатление от того послания, которое проповедовали апостолы. Самым главным в проповеди было не прощение грехов, спасение или вечная жизнь. Их противники поняли из проповеди, что есть другой Царь! Конечно, это не было единственной темой их проповеди, однако, очень показательно то, что могут сказать о нас наши критики, — вы понимаете? Сегодня есть достаточное количество проповедников Евангелия, которые проповедуют так, что их критикам нечего сказать о них — они не проповедуют настоящего послания.

Я пытаюсь показать вам, насколько некоторые наши проповеди Евангелия отличаются от того послания, которое провозглашалось в Новом Завете — там это было словом от Царя. Вы не найдете того, чтобы первые христиане извинялись за свою проповедь. У них никогда не было такого отношения, что мы лишь небольшое меньшинство, а эти люди могут съесть нас. У них всегда было понимание, что мы представляем всесильного Царя, всемогущего Бога. Мы — Его послы, и у нас есть слово от Него. Это имело влияние и приводило всё в движение. Уста-

новленный расклад сил и положений, существующие
власти – все они практически всегда будут очень обе-
спокоены, когда вы провозгласите, что есть другая,
более высокая власть, и есть более могущественный
Царь. Точно так же, как был встревожен царь Ирод,
когда его ушей достигло известие о появлении нового
иудейского Царя.

Теперь, мне хотелось бы указать на то, что Иисус предусмотрел всё необходимое для Своих служителей, которые будут идти и провозглашать это
послание вплоть до кончины века сего. Это место
Писания, к которому я буду возвращаться снова и
снова – Евангелие от Матфея 24:3:

> *Когда же сидел Он на горе Елеонской, то
> приступили к Нему ученики наедине и спро-
> сили: скажи нам, когда это будет? и какой
> признак Твоего пришествия и кончины века?*

Если вы внимательно изучите ответ Иисуса в
следующих стихах, то Он указывает на целый ряд
знамений. Но это не было ответом на их вопрос, потому что они спрашивали Его: *«какой признак?»* –
т.е. об одном конкретном признаке. Наконец, в 14-м
стихе Он дает конкретный ответ на этот вопрос. Вот
этот признак:

> *И проповедано будет сие Евангелие Цар-
> ствия...*

Обратите внимание, что ничего не должно измениться, ничего не должно быть разбавлено, ничто нельзя «усовершенствовать» и подгонять под
стандарты нашего времени – это та же самая Благая
Весть Царства.

> *...по всей вселенной, во свидетельство всем
> народам; и тогда придет конец.*

Какой признак кончины века? – провозглашение
Благой Вести Царства по всему миру и всем народам – это приведет к окончанию века. Хочу, чтобы

вы увидели, что Иисус не допускал мысли, что это Послание («*сие Евангелие Царствия*») может быть изменено, разбавлено, отредактировано и исправлено. Евангелие Царства Божьего – это та же самая Благая Весть о том, что Бог собирается занять Престол правления над человечеством. И что должны сделать люди в свете этого? Какое ключевое слово? – покаяться!

Сейчас мы подошли к одной из самых великих трагедий человечества – трагедии Израиля. Как уже было сказано, мы должны понять, что первоначальное право на принятие Царства было предоставлено Израилю. Благую Весть Царства в первую очередь должен был услышать именно еврейский народ. Потому что Израиль был народом, который рожден Богом для того, чтобы быть Его Царством. Если вы обратитесь к четвертой главе Евангелия от Матфея, то вы увидите это. Евангелие от Матфея 4:12-13,17:

Услышав же Иисус, что Иоанн отдан под стражу, удалился в Галилею. И, оставив Назарет, пришел и поселился в Капернауме приморском, в пределах Завулоновых и Неффалимовых... С того времени Иисус начал проповедывать и говорить: покайтесь, ибо приблизилось Царство Небесное.

Кому Он проповедовал? – еврейскому народу. Иисус был Евреем, Который говорил евреям об обетовании, данном евреям! До того времени оно не было дано никому другому, кроме евреев. Только они на тот момент состояли в отношениях завета с Богом.

Когда Он посылал на служение Своих первых учеников, то дал им такие инструкции – Евангелие от Матфея 10:5-7:

Сих двенадцать послал Иисус и заповедал им, говоря: на путь к язычникам не ходите и в город Самарянский не входите...

Не проповедуйте им, потому что это послание не для них.

...а идите наипаче к погибшим овцам дома Израилева; ходя же проповедуйте, что приблизилось Царство Небесное...

Кому единственному на тот момент предлагалось Царство Божье? — Израилю. Для языческой гордости всегда неприятно осознавать этот факт. Однако первоначально Благая Весть Царства была обращена только к евреям.

Что же случилось? Еврейский народ сделал величайшую ошибку, которую какой-либо народ мог совершить в истории. Что они сделали? — они отвергли Царя. Помните о том, что они по-прежнему хотели Царства, но они отвергли Царя.

Братья и сестры, будь вы евреем или язычником, если вы отвергаете Царя, вы не можете обрести Царство! Без Царя нет Царства!

Давайте взглянем на эту трагедию. Когда Пилат допрашивал Иисуса, чтобы убедиться в достоверности обвинений, которые были выдвинуты против Него, то римский наместник пришел к заключению, что Иисус невиновен. Евангелие от Иоанна 19:14-16 свидетельствует, что Пилат не хотел брать ответственность за осуждение и казнь Иисуса, поэтому он вывел Его к евреям, ожидавшим приговора, и сказал им:

Тогда была пятница пред Пасхою, и час шестый. И сказал Пилат Иудеям: се, Царь ваш!

Есть определенная ирония в том факте, что язычник говорит евреям о том, Кем был Иисус. И, конечно же, они не пришли в восторг от услышанной новости, тем более из уст язычника.

Но они закричали: возьми, возьми, распни Его! Пилат говорит им: Царя ли вашего распну?

Обратите внимание, насколько четко он заострил этот вопрос.

Первосвященники отвечали: нет у нас царя кроме кесаря. Тогда наконец он предал Его им на распятие. И взяли Иисуса и повели.

Если вы хоть немного знакомы с мышлением ортодоксального еврея, соблюдающего закон Моисеев, то согласитесь с тем, что это были самые удивительные слова: *«нет у нас царя, кроме кесаря».* Это заявление противоречило всем их убеждениям. Однако в пылу охватившей их ревности, ненависти и злобы, они сами определили свою судьбу. Они отвергли своего собственного Царя и сказали, что у них нет иного царя, кроме кесаря. Знаете ли вы о том, что от слова «кесарь» (в другом звучании − «цезарь», «цисарь») образованы, например, титулы германского «кайзера» и русского «царя». Это звание символизирует титул императора мира сего. И более девятнадцати веков языческие императоры презирали, давили и преследовали евреев. В определенном смысле кульминацией этого стала личность Адольфа Гитлера.

Если вы немного знакомы с предысторией прихода нацистов к власти, то вам должно быть известно о книге «Закат Запада», автором которой был Аушватц Шпенглер. Он писал о том, что западная цивилизация полностью разложилась, приходит к совершенному упадку и Запад нуждается в новом кесаре. Эта философия произвела на свет нацизм Гитлера, и он стал кесарем, который получил власть над еврейским народом. Но мы не будем вникать во все ужасные детали этой истории.

Давайте возвратимся к евреям времен Нового Завета. Затем они сделали еще один свой выбор. Пилат спросил: *«Кого освободить для вас: Иисуса или Варавву?»* Мы знаем, что Варавва был бунтовщиком, опирающимся на насилие, − как сегодня сказали бы: революционером или повстанцем. И они выбрали Варавву. Я говорю вам об этом, чтобы вы увидели, что мы получаем то, что избираем. Они отвергли Царя Божьего и Царство Божье. Они сказали, что у них нет иного царя, кроме кесаря (языческого императора мира сего) и вместо Иисуса – Человека мира, они избрали Варавву – человека насилия. И суть дальнейшей истории евреев можно выразить так: поскольку они вместо Царя Иисуса избрали Варавву, то на протяжении девятнадцати веков языческие кесари ставили над евреями своих «Варавв». Это очень отрезвляющая мысль.

Моя цель не в том, чтобы перевести взгляд на Израиль, но в том, чтобы довести до сознания каждого из вас: *если Бог открывает нам нечто и мы принимаем то или иное решение в свете этого откровения, то мы получим избранное нами. И если мы отвергаем Богом предложенное решение, то тем самым определяем свою судьбу.*

Иисус предсказывал в дискуссии с религиозными лидерами все эти события еще до Своей смерти. Евангелие от Матфея 21:42-43:

> *Иисус говорит им* (религиозным лидерам): *неужели вы никогда не читали в Писании: «камень, который отвергли строители, тот самый сделался главою угла: это – от Господа, и есть дивно в очах наших»? Потому сказываю вам, что отнимется от вас Царство Божие и дано будет народу, приносящему плоды его...*

Это было предсказанием того, что случится. Поскольку Израиль отверг Царя, – а, следовательно, и Царство, – то это предложение было отозвано и будет дано народу, который будет приносить плоды Царства. В чём же сущность обладания Царством? Что может служить «лакмусовой бумажкой»? – наличие плода. Недостаточно заявлять о том, что вы имеете Царство – вам необходимо приносить плод.

В Евангелии от Матфея мы читаем последние наставления Иисуса ученикам перед Его вознесением. В свете того, что было ранее предложено Израилю, Он дает ученикам новые указания. Нам всегда следует помнить слова Павла в Послании к Римлянам 11:12, что отпадение Израиля является богатством для язычников. По причине отказа Израиля, Царство (Царем которого является Иисус) было распространено на все остальные народы. Евангелие от Матфея 28:18-20:

> *И приблизившись Иисус сказал им: дана Мне всякая власть на небе и на земле: итак идите, научите все народы, крестя их во имя Отца и Сына и Святого Духа, уча их соблюдать всё, что Я повелел вам; и се, Я с вами во все дни до скончания века.*

Обратите внимание, что эти инструкции имеют силу *«до скончания века»*. Ученики получили указание идти во все народы и делать из них учеников Христа, приводя их в Царство Божье.

Вместе с этим давайте обратимся к другому месту Писания, которое сможет помочь нам прояснить значение слова «народ». Иисус сказал, что Царство будет отдано народу, который будет приносить плод. Есть учения, которые связывают это обетование Иисуса с определенным языческим народом. Например, есть учение, которое говорит о «Британском Израиле» (нам знакомо учение о том, что русский народ является особым, избранным «народом-Богоносцем», а Москва является «Третьим (и последним) Римом», после того, как предыдущие два духовных «Рима» не устояли – *прим. ред.*). Не буду нападать на это учение, но мне бы хотелось устраниться от него.

Итак, в Первом послании Петра 2:9 апостол пишет верующим в Иисуса:

> *Но вы — род избранный, царственное священство, народ святый...*

Народ, которому было передано Царство — это верующий народ (появившийся на основании своей веры), которым является Церковь. Помните о том, что Церковь, помимо всего прочего, еще и народ.

По этой причине настоящий век не закончится до тех пор, пока все народы не услышат Благую Весть Царства. Когда Израиль отвернулся от Божьего Послания, тогда Бог постановил, что это должны услышать все народы. Поэтому вопрос не в том, насколько много мы проповедуем Евангелие в Америке, Канаде, Южной Африке, Новой Зеландии, Австралии (и др. англоговорящих странах — это намек на теорию о «Британском Израиле» — *прим. ред.*). Мы не приблизим приход Царства Божьего на землю ни на йоту ближе до тех пор, пока мы не достигнем тех народов, которые не слышали его. Пока это не произойдет — этот век не закончится. Сатана будет всячески противиться любого рода евангелизационному служению, и вопрос не в том, как вы усердны на улицах Сиднея, Окланда, Лондона или Бостона. Век не завершится до тех пор, пока не исполнится Божье повеление о том, что все народы должны услышать Евангелие Царства. Поверьте мне, что в тот момент, когда вы сделаете шаг, чтобы проповедовать Евангелие Царства в народах, которые не слышали его, весь ад встанет на дыбы. В тот момент сатана почувствует угрозу для своего царства.

Давайте прочтем еще один стих о Евангелии Царства, Матфея 24:14:

> *И проповедано будет сие Евангелие Царствия по всей вселенной, во свидетельство всем народам; и тогда придет конец.*

Именно тогда, но не раньше. Мне нравится перевод, который говорит о том, что *«Евангелие будет провозглашено»*. Бог очень явственно призвал меня быть учителем Писания. Учение — это истолкование и объяснение. Но Бог также дал мне ревностное же-

лание провозглашать Евангелие. Полагаю, что именно по этой причине Он даровал мне радиослужение.
Когда я был молодым проповедником, то верил,
что могу объяснить Евангелие любому человеку. Я
думал, что могу сделать это, используя мое фило-
софское образование. Знаете, что я обнаружил? —
Евангелие объяснить невозможно. *Единственная
Личность, Которая может разъяснить Евангелие —
это Дух Святой.* Наша работа состоит в том, чтобы
провозгласить Благую Весть Царства, а работа Духа
Святого — истолковать ее. Если мы не провозглашаем
Евангелие, то Духу Святому нечего истолковывать.

Я двумя руками за провозглашение Благой Вести
Царства всем народам. Я должен благодарить Бога
за то, что мои обучающие радиопередачи, которые
выходят пять раз в неделю, покрывают, например,
весь коммунистический Китай на трех наречиях. Я
думаю, что это произошло потому, что Бог видел мое
сердце, которое желало, чтобы это провозглашение
достигло всех народов.

Если вы оставите в стороне Китай, то будете
просто обманывать себя, думая, что достигаете мир.
Каждый четвертый человек, живущий на нашей пла-
нете — это китаец. Каждый третий не слышавший
на сегодняшний день Евангелие — это китаец. Мы
можем быть загружены выполнением всевозможных
вещей, но если мы игнорируем Китай или арабские
страны, то мы не приближаем кончину века. Они
должны быть достигнуты Евангелием прежде, чем
наступит конец века.

Есть христиане, которые в действительности
не верят, что наступит кончина века, а некоторые
просто не хотят, чтобы она наступила. Однако я не
верю, что этот век продлится слишком долго — это
мое личное мнение, хоть и не преподношу это как
учение. Я буду рад, когда этот злой век закончится,
потому что это положит конец невыносимым страда-

ниям бесчисленных миллионов людей.

В своем последнем общении с Иисусом прямо перед Его вознесением апостолы спросили о восстановлении Израиля – Деяния 1:6:

Посему они, сошедшись, спрашивали Его, говоря: не в сие ли время, Господи, восстановляешь Ты царство Израилю?

Их сознание было направлено в эту сторону, их мысли продолжали вращаться вокруг Царства. Почему? – потому что Иисус учил об этом, и они приняли Его послание, хотя их представление о том, когда это произойдет, было неправильным. Некоторые люди говорят о том, что Царство Израилю никогда не будет восстановлено. На мой взгляд, если бы это было так, то Иисус мог сказать об этом. В ответ на их вопрос Он бы сказал: *«Вы заблуждаетесь – Израиль утратил царство и оно Израилю не будет восстановлено».* Однако Он не сказал этого, но сказал, что еще не пришло время. Иисус говорил о том, что прежде чем это случится, должно произойти еще кое-что, и не их дело знать время восстановления Царства Израилю, но пока оно не произошло, у них есть определенное задание. Деяния 1:7-8:

Он же сказал им: не ваше дело знать времена или сроки, которые Отец положил в Своей власти; но вы примете силу, когда сойдет на вас Дух Святый, и будете Мне свидетелями в Иерусалиме и во всей Иудее и Самарии и даже до края земли.

Итак, какую работу Он поручил им? – свидетельствовать о Царе и Царстве Божьем по всему миру, начиная с Иерусалима и достигая всех краев земли. Как видите, то послание, которое Израиль однажды отверг, Бог в Своей вечном совете предопределил предложить всем народам земли. Кончина века не наступит до тех пор, пока это не произойдет.

Господь желает, чтобы мы понимали Его сердце, и я полагаю, что последние слова Иисуса на земле яснее всего открывают сердце Господа. Какими были последние слова, которые ученики слышали из уст Иисуса? – Он говорил и проявлял заботу о людях во всех концах земли. Ученики довольно долго не понимали этого, и потребовалось определенное время для того, чтобы они смогли впитать это послание. Лично я верю, что Господь заботился обо всех народах и всех концах земли, и, если вы позволите Ему, то Он поместит эту заботу и в ваше сердце.

В моей жизни есть особое призвание к еврейскому народу, но я не верю, что к заботе о еврейском народе будет призван кто-то, не имеющий ревностную заботу обо всех народах. Скажу также и об обратной стороне, что если вы призваны к народам, то вам лучше было бы переживать также и о евреях – это принесет большие перемены в вашем служении.

Царство, которое сегодня провозглашается для всех и в которое приглашаются все народы, – это Царство внешне невидимое – надеюсь, вы понимаете это. Оно не имеет земной столицы. Ее столица не в Риме, не в Спрингфилде и даже не в Иерусалиме. Вы знаете, где находится его столица? – на небесах, там же, где находится и Глава Царства, – не может быть столица в одном месте, а Царь – в другом. Евангелие от Луки 17:20-21:

Быв же спрошен фарисеями, когда придет Царствие Божие, отвечал им: не придет Царствие Божие приметным образом…

Один из хороших современных переводов говорит, что Царство Божье не придет видимым образом – вы не сможете видеть его приход. И далее:

…и не скажут: «вот, оно здесь», или: «вот, там». Ибо вот, Царствие Божие внутрь вас есть.

Это можно перевести как *«внутри вас»*, так и *«посреди вас»*. И я верю, что оба перевода имеют смысл. Итак, Царство, о котором мы говорим, — это не просто видимое царство с земной столицей и земным правительством. Столица и правительство этого Царства находятся на небесах. Его главная резиденция там же, где и Глава. Было бы необъяснимо, если бы главная резиденция чего-либо находилась в одном месте, а глава — в другом. Я не поверю, что наш Глава бездействует или просто удалился от дел. Я верю, что Он очень активен, и мы должны от Него получать указания к действиям.

Но Царство, которым мы обладаем, находится внутри нас и посреди нас. Мне нравится то, что оно также и посреди нас, потому что это не что-то сугубо личное, но оно проявляет себя в наших взаимоотношениях друг с другом. Где мы собираемся вместе в Духе Божьем — там Царство Божье находится посреди нас.

Нам следует вкратце рассмотреть и тот вопрос, как мы попадаем в Царство. Полагаю, что самое ясное объяснение дано в Послании к Колоссянам 1:12-14:

> *...благодаря Бога и Отца, призвавшего нас к участию в наследии святых во свете...*

Это само по себе уже является хорошей новостью. Бог призвал нас (или как сказано в большинстве других переводов: *«сделал нас способными и достойными к участию в наследии»*) — и поэтому мы не являемся неполноценными, негодными или ущербными. Не говорите о себе, как о человеке недостойном и неспособном, потому что, говоря так, вы отвергаете сделанное Богом. Бог сделал нас способными и достойными быть участниками наследия святых во свете, где нет никакой тьмы.

> *...избавившего нас от власти тьмы...*

Где мы были? – мы были в руках власти тьмы. Греческое слово «эксоусия», как правило, переводится словом «власть». Вы должны знать о том, что сатана допущен Богом к обладанию определенной властью. Если вы не понимаете этого, то многие вещи будут смущать вас. Помните о том, что у сатаны есть царство, и это царство является царством тьмы. Один из переводов говорит о том, что Бог освободил нас с территории, находящейся под властью тьмы.

...и введшего в Царство возлюбленного Сына Своего....

Мы все находились на территории царства сатаны под властью тьмы, но благодаря сверхъестественному вмешательству Божьему, мы были освобождены от власти тьмы и перемещены в другое царство – Царство возлюбленного Сына Божьего.

...в Котором мы имеем искупление Кровию Его и прощение грехов...

Какое ключевое слово здесь? – искупление. Мы были выкуплены из одного царства и переведены в другое царство. Именно искупление забирает нас из царства сатаны и помещает в Царство Божье. Вы найдете, что Новый Завет говорит об этом как о рождении. Невозможно попасть в Царство Божье иным путем, как только через рождение. Это касается как отдельных личностей, так и целых народов, всего человечества и всего творения.

Мы речь пойдет позднее, а сейчас мы используем термин «искупление». Вы знаете, что означает «искупить»? – это выкупить назад. Мы все были рабами, выставленными для продажи на сатанинском невольничьем рынке. Это настолько наглядная картина, что я просто должен дать вам ее. Павел говорит *«я плотян, продан греху»* (буквально: «продан под грех» – прим. ред.).

В Римской культуре тех дней, говоря о том, что

кто-то был продан, как раб, использовали фразу «продан под копье». Рабы выставлялись на специальном деревянном помосте и над их головами возвышались копья. Когда вы видели человека стоящего на помосте с копьем над его головой, то вы знали, что он продается в качестве раба.

Павел говорит буквально следующее: *«Мой грех — это копье над моей головой, — он служит причиной моей продажи, в качестве раба, на невольничьем рынке»*. Там были все мы. Но однажды на этот рынок пришел Иисус и сказал: *«Я покупаю их»*. Ценой чего мы были искуплены? — ценой Крови Иисуса. Таким образом, мы были искуплены из сатанинского царства и перемещены в Царство Божье.

Пример рабства очень нагляден, поскольку раб не выбирал то, для какой работы его купят. Одну рабыню могли купить для работы кухаркой, другую — для проституции. Это был выбор не рабов, а их господ. Мы все находились в таком состоянии — вы могли быть рабом, занимающимся приличным и уважаемым делом, — быть, например, управляющими и учеными, — но в любом случае вы не лучше тех рабов, которые выполняют самую грязную и низкую работу. Мы все были рабами греха, поэтому не относитесь с презрением к проституткам, алкоголикам и другим подобным людям. Кем они стали — это было не их решением, а решением их хозяина. Добрая новость состоит в том, что мы были выкуплены назад из рабства сатаны.

Однажды я проповедовал в Новой Зеландии среди народа маори и привел им пример, который лично для меня стал очень наглядным. Маори очень искусные резчики по дереву, поэтому этот пример очень понятен им.

Итак, в одном приморском городе жил мальчик, который был очень искусным резчиком по дереву. Однажды он вырезал из ствола дерева небольшую изящную лодку, поставил паруса и решил поплавать на этом суденышке вдоль побережья. Внезапно направление ветра и морского течения изменились, и его лодку начало уносить в открытое море, а он не мог преодолеть силу течения и ветра. Мальчик бросил лодку, вплавь добрался до берега и вернулся домой без лодки. Однако во время следующего прилива эту лодку выбросило на берег, и ее нашел человек, который прогуливался по берегу. Он по достоинству оценил прекрасную работу резчика и продал ее в магазин близлежащего города.

Владелец магазина вычистил лодку, поместил ее в витрину своего магазина и выставил цену. Несколько дней спустя мимо этого магазина проходил наш герой, который сразу же узнал свою лодку. Он понимал, что не сможет доказать, что это его вещь и он просто так не получит свою лодку назад. Итак, если он хотел получить свою лодку, то для этого существовал только один способ — выкупить ее. Поэтому он в течение определенного времени брался за любую работу, чтобы заработать необходимую для выкупа сумму: он сторожил машины, косил газоны, разносил почту и т.д. В конце концов, он заработал необходимую сумму денег, пошел в магазин и сказал продавцу, что хочет купить лодку, которая стоит на витрине. Продавец назвал сумму, и мальчик выложил ее на стол. Он взял лодку в свои руки, вышел из магазина, остановился и, прижимая ее к груди, прошептал: *«Теперь ты дважды моя — я сотворил тебя, и я выкупил тебя».* Это и есть искупление.

Сначала Господь сотворил нас, но мы были потеряны для Бога и выставлены под копьем греха на сатанинском торжище. Затем Иисус выкупил нас ценой Своей Крови — теперь мы дважды Его. Можете ли вы увидеть, насколько ценны вы для Бога?

Представьте себя этой маленькой лодкой. Вы можете чувствовать себя недостойным, бессильным, ничего не стоящим — вы бы удивились, если бы узнали, что Бог действительно заботится о вас. Просто дерзните поверить, что вы — это та же лодка, а руки мальчика — это руки Господа, и Он говорит вам: *«Теперь ты — Мой, Я сотворил тебя и искупил тебя. Я обладаю тобой, и ты полностью принадлежишь Мне».*

4. ДВА ПРОТИВОСТОЯЩИХ ЦАРСТВА

В конце предыдущей главы мы рассмотрели путь в Царство Божье. Мы увидели, что он лежит через искупление, которое было приобретено для нас Кровью Иисуса, пролитой на Кресте. Послание Колоссянам 1:12-14:

> *...благодаря Бога и Отца, призвавшего нас к участию в наследии святых во свете, избавившего нас от власти* (или территории) *тьмы* (т.е. царства сатаны) *и введшего* (переместившего нас) *в Царство возлюбленного Сына Своего, в Котором мы имеем искупление...*

Искупление – это основание для нашего освобождения из царства сатаны и перехода в Царство Божье. В 13-м стихе перед нашими глазами предстают два царства. Одно из них – это место владычества тьмы; другое – Царство возлюбленного Божьего Сына. Нам было бы полезно понять общую структуру царства сатаны, не углубляясь в многочисленные детали. А затем мы рассмотрим внутреннюю суть Царства Божьего.

Прежде всего, давайте обратимся к Посланию Ефесянам 2:1-3. Этот отрывок говорит нам о том, кто принадлежит царству сатаны. Очень важно понимать это. Насколько явствует из мест Писания, которые мы изучали, каждый человек принадлежит

либо Божьему Царству, либо царству сатаны. Нет
никого, кто находился бы в стороне и не принад-
лежал ни одному из этих царств. Рассматривая эти
стихи, мы легко обнаруживаем, что в царстве сатаны
находятся все те, кто непослушен Богу. Всякий, кто
бунтует против Бога, пребывает в царстве сатаны автоматически. Для этого не надо принимать решение,
не надо подавать заявку на вступление — именно там
все они и находятся. И единственный выход — это
отложить свой бунт против Бога и подчиниться суверенному Божьему правлению, приняв искупление,
данное через Иисуса Христа. Какое ключевое слово
для отказа от своего бунта? — *покаяние*. Если вы
действительно поняли это, то это должно было стать
явным в вашей жизни. Послание Ефесянам 2:1-5:

> *И вас, мертвых по преступлениям и грехам
> вашим* (духовно мертвых, не физически), *в
> которых вы некогда жили, по обычаю мира
> сего... Бог... оживотворил...*

Другой перевод говорит: *«живущих согласно путям века этого»*. В данном случае *«мир»* — это не
творение, но существующее сейчас устройство мира.
Например, сказано, что всемирный потоп уничтожил
тогдашний мир. Земля не была уничтожена, было
уничтожено все устройство человечества тех дней.
Важно понимать, что Новый Завет подразумевает под
словом «мир». Мир — это существующий миропоря-
док, мироустройство, охватывающее все человечество
и все народы. Мы жили в этом — каждый из нас:

> *...по обычаю мира сего, по воле князя, господ-
> ствующего в воздухе...*

В этом переводе употреблено слово «князь», но
в современных переводах используется слово «правитель». Это греческое слово *архе*, мы встречаем
в таких словах как «архангел» или «архиепископ».
Архангел — это правящий ангел, а архиепископ —

это управляющий епископ. *«Правителя, господствующего* (по-гречески: *«имеющего власть»*) *в воздухе...»* Сатана является правителем во властных структурах, находящихся в воздухе.

Есть два греческих слова, переводимых как «воздух». Одно — это *«айфер»,* от которого произошло слово *«эфир»,* а другое слово — *«аэр»,* от которого произошло слово *«аэро».* Между ними есть разница. *«Айфер»* или *«эфир»* — это разряженные высшие слои атмосферы. *«Аэр»* или *«воздух»* — это более плотные нижние слои атмосферы, прилегающие к земной поверхности. Здесь использовано именно последнее слово *«аэр».*

Таким образом, сатана является правителем власти, которая охватывает всю поверхность земли. Он стал ее правителем потому, что поставленный Богом правитель над Землей подчинился ему. Поставленным от Бога правителем был Адам. Сатана занял положение власти, хитростью подчинив Адама (духовный принцип: *«кто кого слушается — у кого находится в послушании — тот тому и раб»,* см. Римл. 6:16 — *прим. ред.*), но первоначальным источником этой власти был Бог.

Продвигаясь по второму стиху, мы видим, что речь идет о духе, не имеющем плоти. Сатана является духовным существом, и он действует *«в сынах противления».* Какое здесь ключевое слово? — *непослушание (противление).* Всякий, кто непослушен Богу, находится под влиянием сатаны, — Он находится в мире, который пребывает во власти сатаны.

Затем Павел продолжает, говоря:

...между которыми и мы все (все мы без исключения) *жили некогда по нашим плотским похотям, исполняя желания плоти и помыслов...*

Мы были побуждаемы нашей плотской натурой и нашим разумом. И помните, что непреобразован-

ный ум настолько же враждует с Богом, как и плотская натура. Павел говорит в восьмой главе Послания к Римлянам, что наш плотской, неискупленный,
невозрожденный ум находится во вражде с Богом.
Большинство людей понимают так, что очевидные
плотские похоти враждуют с Богом, но, в действительности, плотской разум зачастую еще более враждебен к Богу, чем плотская натура.

Помню, как я однажды был в Стокгольме, и
меня попросили провести служение освобождения —
не я решил провести его, но меня попросили сделать
это. Всё это выглядело немного курьезно. Собрание
проводилось в здании церкви, и мне было позволено учить там, но они считали, что будет не совсем
уместно проводить само служение освобождения в
церкви, и мы все должны были перейти в соседнее
помещение.

По завершении учения я сказал: *«Теперь все, кто
считает, что ему нужно освобождение, пройдите в
соседнее помещение»*. Практически всё собрание пе-
решло туда, и там не было свободного места — люди
заполнили помещение от стены до стены. Все стояли
настолько плотно, что невозможно было упасть — так
много людей набилось в комнату. Я объяснил людям,
как надо молиться и велел злым духам выйти. Мы
провели наше время очень бурно. Некоторые очень
яркие моменты того служения я помню до сих пор.

Пастор этой пятидесятнической общины ходил
(лучше сказать: протискивался) повсюду, наблюдая
за членами своей общины, которые освобождались
от злых духов. Было показательным то, что он постоянно повторял (а я понимаю по-шведски): *«Я не
верю своим глазам...»* Я подумал, чем еще можно
убедить его? Спустя какое-то время я получил послание от нескольких шведских христиан, где они
написали мне следующее: *«...насколько недалеким
надо быть человеком, чтобы думать, что шведы*

могут нуждаться в освобождении от злых духов»!
О, должно быть, шведы слишком образованный народ для этого.

Как видите, истина состоит в том, что интеллект еще более враждебен по отношению к Богу, чем старая плотская натура, которая напивается или совершает аморальные поступки. В конечном итоге, именно разум является выразителем нашего бунта против Бога. Поэтому, давая образование плотскому уму, вы только лишь обучаете врагов Бога. Неслучайно, наверное, самое главное противление Благой Вести находится именно в академических кругах. Самая сильная оппозиция и величайшая твердыня противления засела в большинстве семинарий и Библейских институтов — они дают образование необновленным умам. Тем самым они делают из них еще больших антихристов, чем они были до того.

Сущность современного мироустройства заключается в непослушании Богу тех, кто находится во вражде с Богом в своей плотской натуре и в своем уме. Таких людей Библия называет *«чадами гнева»*. Многие люди в Америке не понимают и не воспринимают слово «гнев», когда я говорю об этом, — не знаю, как им помочь? Слово «гнев» означает гнев Божий. Некоторые слова можно изменить, но это слово изменить невозможно.

Итак, мы увидели природу царства сатаны, который является правителем духовной власти, господствующий над всей земной поверхностью, — над теми, кто находится в бунте против Бога. Именно по причине своего бунта они находятся под властью сатаны. Он сам является архи-бунтарем.

Есть удивительное место в Книге Иова, к которому мне бы хотелось обратиться. 34 стиха в 40-й и 41-й главе Книги Иова полностью посвящены описанию морского чудовища. Как вы знаете, Библия не тратит места понапрасну. Поэтому это удивительно, не так ли? Имя этого морского чудовища — Левиафан.

Не вдаваясь в подробности, я скажу, что верю в существование морского чудовища. Лично я верю в существование морского монстра, который называется Левиафаном. В архивах Британского морского флота, которые являются заверенными официальными документами, зарегистрировано целый ряд случаев, когда люди видели и описывали в бортовых журналах этого монстра. Как бы там ни было, я верю, что Левиафан, как и змей в Едемском саду — не только творение, но и телесное воплощение сатаны. Как иначе можно объяснить это? И очень важно то, что говорится в последнем стихе — Книга Иова 41:26:

...на всё высокое смотрит смело...

В другом переводе это звучит еще более выразительно: *«...на всё он смотрит свысока...»*. Что бы вы сказали о характере того, кто смотрит на всё свысока? Какое слово вы использовали бы для его описания? — *надмение*.

...он царь над всеми сынами гордости.

То есть — это сатана, он *«царь над всеми сынами гордости»*. Неважно, насколько они религиозны, являются ли они баптистами или пятидесятниками, католиками или буддистами, мусульманами или коммунистами, демократами или монархистами — он их царь. Позвольте задать вопрос, что появилось раньше: гордость или бунт? — сначала появилась гордость, которая привела к бунту. Корень всех наших проблем — это гордость. Когда Бог достигает корня — тогда что-то начинает происходить. Таким образом, вот картина царства сатаны, он — правитель над всеми гордыми и бунтующими. Хотя сатана невидимый правитель, но он владычествует и контролирует их, манипулирует ими своей духовной силой.

Затем в Послании к Ефесянам дан еще один образ царства сатаны. Мы прочитаем Ефесянам 6:12 в переводе короля Иакова, а затем я дам вам свой перевод.

> *...потому что мы не сражаемся* (оригинальный текст говорит о борцовской схватке) *против крови и плоти, но против начальств, против властей, против правителей тьмы века этого, против духов злобы в небесных сферах.*

Иногда я говорю, что многие христиане склонны неправильно расставлять знаки препинания в этом отрывке. Они читают так: *«потому что мы не сражаемся»* — и точка! Но это не то, что говорит Павел. Он говорит, что мы находимся на борцовском поединке, однако наша борьба не против плоти и крови.

На мой взгляд, очень показательно то, что Павел сравнивает наше противостояние силам тьмы со схваткой борцов. Не думаю, что такое сравнение было сделано лишь ради красного словца. Как я понимаю, это сравнение очень точно отражает духовную действительность. Борьба — это самый напряженный и силовой вид единоборства. Мне пришлось убедиться в этом, когда я действительно физически встретился с силой сатаны. Это происходило невидимо, но чувствовалось физически.

Сейчас я дам вам свой перевод этого отрывка, где попытаюсь максимально точно выразить на нашем с вами языке то, о чём, по моему мнению, свидетельствует этот отрывок. Вы можете спросить, имею ли я право предлагать людям свою версию перевода? Должен сказать, что я изучал греческий язык с десятилетнего возраста и имею право преподавать его на университетском уровне. Это не означает, что я всегда прав, но, по крайне мере, я имею право на свое мнение. Нет никого, чье слово было бы окончательным, когда речь идет о переводе с греческого или еврейского языка. Это очень сложные, утонченные языки. Если кто-то заявляет, что понимает их в совершенстве, то это только раскрывает его невежество. Итак, мой перевод звучит так:

Потому что наш борцовский поединок не против личностей в телах...

Подобное сказано и в «Живой Библии», и я подтверждаю этот вариант, т. к. считаю его наиболее точным переводом этого места. Говорится о том, что мы имеем дело с личностями, но у них нет тел. Как только вы поймете это, вы сделаете большой шаг вперед. Когда вы думаете, что всё, с чем вы имеете дело — это с чем-то внутри себя или с безликими силами, или с комплексами — каким бы словом или модным психиатрическим термином вы это ни называли — то вы не уловили реальности. Мы имеем дело с невидимыми злыми личностями, которые ненавидят нас, грубо говоря, со всеми нашими потрохами. Но эти враждебные личности не имеют тел.

Позвольте кратко проиллюстрировать это. На протяжении нескольких лет я боролся с одной специфической проблемой. В то время я был пастырем. Верите ли вы, что у пастырей могут быть проблемы? Теперь все понимают так, что у пастырей не должно быть проблем. Они всё время решают проблемы других людей, поэтому им не к кому пойти со своими собственными проблемами. Ты не можешь сказать своей пастве, что у тебя проблема, потому что тогда они подумают, что ты не должен быть пастырем. Как бы там ни было, проблема, с которой я боролся, была депрессия. Вероятно, большинство из вас не знакомы с этим, но у меня была изматывающая борьба с депрессией, длившаяся годами. Я был посвященным христианином, находился в служении, верил в Библию, молился на языках, заучивал места Писания, и даже постился. Однако мой проблема только усугублялась.

Я был в отчаянии и дошел до такого момента,

когда уже не знал, что делать. Как вдруг я наткнулся на слово из Книги пророка Исаии 61:3, что Бог даст нам одежду славы вместо духа уныния или тяжести. И когда я прочитал слова *«дух уныния»*, то Святой Дух сказал мне: *«В этом твоя проблема»*. Я понял, что имею дело с личностью — невидимой, духовной личностью.

Во мне открылся целый поток откровений. Я внезапно осознал, что это была наследственная проблема, которая передалась мне от моего отца — он боролся с этим годами — а ему, вероятно, от его отца. Когда я узнал, что имею дело с личностью, то, могу сказать, 80% пути к победе я уже прошел. Я нуждался всего лишь еще в одном месте Писания, и оно пришло — это Книга пророка Иоиля 2:32:

> *И будет: всякий, кто призовет имя Господне, спасется* (или *«будет освобожден»*, — в языке оригинала это одно и то же).

Я воззвал к Господу настолько сильно и серьезно, как только мог. Я призвал имя Иисуса Христа, на основании Иоиля 2:32, цитируя это место для освобождения от духа уныния, и тут же получил мощное освобождение.

Это было в 1953 году. А в 1963 году Господь поручил мне, вопреки моему желанию, служение освобождения других людей. Я должен был двигаться в том, что сам пережил за десять лет до этого. Мне казалось, что для служителя ужасно признаться, что он был освобожден от злого духа. Моя жена была единственным человеком, кто знал о том случае. (Свидетельство о служении освобождения в жизни Дерека Принса вы найдете в его книге *«Будут изгонять бесов»* — прим. ред.)

Возвращаясь к нашей теме, наверное, стоит еще раз подчеркнуть, что мы имеем дело с личностями без тел. Понимание этого факта дает вам совершенно иной подход к этому противостоянию. Практически все языческие верования осознают и признают реальность бесовской активности, в то время как христиане предпочитают игнорировать ее реальность. Итак, наша борьба не против личностей в телах, но против правителей (греческое слово «*архе*») и сил (т.е. властей). Теперь продолжение моей версии перевода:

...но против правителей, находящихся в различных сферах и занимающих свое положение в нисходящей структуре власти...

Это означает, что существуют главные и подчиненные им правители. Например, давайте возьмем Гавайи. Без всякого сомнения, над этим островом стоит сатанинский правитель, которого называют Пэле. Вы можете спросить у местного населения – им известно об этом на протяжении веков.

Это духовное существо носит женское имя, и вопрос о правителях женского рода очень интересен, но мы не будем в него углубляться, поскольку я не уверен, что у меня есть ответы. Под властью этого духовного правителя находятся другие правители более низкого уровня. Например, по одному над каждым крупным городом и, скорее всего, по одному над каждой расовой группой. Надо полагать, над каждой расовой группой есть своя господствующая власть. Не буду слишком глубоко уходить в детали, потому что наша тема – это Царство Божье, а не царство сатаны. Однако тяжело понять одно, не сознавая реальность другого.

Далее, вам необходимо понимать, что царство сатаны очень хорошо организовано, потому что он перенял это от Бога. Он был одним из верховных архи-правителем, – архангелом, имеющим под своей властью третью ангелов. Он подбил этих ангелов на бунт против Бога, но при этом сохранил структуру правления. Поэтому его царство достаточно дееспособно. Там есть правители в разных сферах и нисходящий порядок властей.

Затем, следующую фразу я перевожу так:

...властелинов мира существующей тьмы...

Обратите внимание на слова *«мир»* и *«власть»*. Цель сатаны — властвовать над всем миром, и всё, что он делает, направлено на это. Эта власть и является тем царством тьмы, о котором мы говорили. Поэтому те, кто находится в царстве сатаны, не знают где они, — потому что они во тьме. Находящиеся в царстве Бога, знают где они, — потому что они во свете.

Последняя фраза будет звучать так:

...духовных (пробел) *злобы...*

Давайте остановимся и посмотрим на пробел. Причина, почему я поставил здесь пробел, это потому, что в греческом языке есть средний род, который можно использовать во множественном числе без существительного. Итак, это *«духовные ... злобы»*. Однако так обычно не говорят, поэтому надо изменить прилагательное в существительное. Хотя у нас нет на это права, но обычно слово *«духовные»* переводят как *«духи»* или *«силы»*. Пусть будут *«духи злобы»*, потому что, как я понимаю, это падшие ангелы. Теперь последняя фраза:

...находящиеся в поднебесье.

Царство сатаны составляют личности, не имеющие тел. Я верю, что это различные падшие ангелы. Царство сатаны образуется структурой правителей различных сфер и нисходящим порядком власти. Каждый правитель подотчетен правителю над ним. Эти силы являются мировые господства существующей тьмы. Я использую слово *«господство»*, потому что греческое слово *«кратор»* — это очень сильное слово, которое используется также и в титуле Иисуса: Всемогущий или *Панто-Кратор*. Это сильное слово. Здесь же стоит слово *космо-кратор* — *«господства над космосом»*, причем греческое слово *«кос-*

мос» обозначает существующий мировой порядок, о котором мы и говорим.

Итак, это мировые господства или мироправители тьмы века сего. В духовном мире есть два «грязных» слова: первое – «доминирование»; второе – «манипуляция». Где бы вы ни встретились с доминированием и манипулированием, знайте, что вы встретились с сатаной. Бог никогда не доминирует и не манипулирует.

Для большинства христиан является большой проблемой понять то, что резиденция сатаны находится в поднебесье. Мы не будем углубляться в этот вопрос, потому что это очень далеко уведет нас в сторону от нашей темы. Позвольте мне просто указать вам, что с самого первого стиха Библии слово *«небеса»* стоит во множественном числе. *«В начале сотворил Бог небо* (в оригинале: «небеса») *и землю»* (Быт. 1:1). А теперь давайте заглянем во Второе послание Коринфянам 12:2, где Павел пишет:

> *Знаю человека во Христе, который назад тому четырнадцать лет, – в теле ли – не знаю, вне ли тела – не знаю: Бог знает, – восхищен был до третьего неба.*

Нельзя пройти мимо факта, что если есть третье небо, то должно быть первое и второе. Невозможно иметь что-то третье, не имея первых двух. Это означает, что должно быть, по меньшей мере, три неба. Послание Ефесянам 4:10, свидетельствуя о факте, что Иисус сошел в «Гадес» (т.е. в ад), а затем был вознесен на небо, говорит следующее:

> *Нисшедший, Он же есть и восшедший превыше всех небес...*

Итак, когда Павел использует выражение *«выше всех небес»*, то это говорит нам о том же самом, что и фраза *«третье небо»*. Время от времени случается слышать фразу. Я бы не рекомендовал вам, как христианам, употреблять словосочетание *«седьмое небо»*, потому что оно взято из Корана. Если вы на самом деле чувствуете себя счастливыми, то я бы посоветовал вам говорить, что вы *«на девятом облаке»* – по крайней мере, это не противоречит Библии.

Итак, давайте немного поразмышляем над вопросом поднебесья. Сатана был сброшен с небес Божьего присутствия («третье небо»), – насчет этого нет никаких сомнений. Но где-то между Божьим небом и нашим, физическим небом, он основал враждебное царство взбунтовавших ангелов, – именно это «второе» (можно сказать «промежуточное» – *прим. ред.*) небо и названо «поднебесьем».

Это имеет большое значение для нашей молитвенной жизни, потому что когда мы молимся, то нам нужно молиться, пробиваясь сквозь сатанинское противостояние. Вот почему мы используем такое выражение: *«эту проблему следует «промолить»»*.

Таким образом, мы убедились в том факте, что существует невидимое высокоорганизованное сатанинское царство тьмы, которое находится в полной оппозиции к Царству Божьему. Между ними идет война. Такое положение вещей оказывает влияние на каждого христианина, потому что в тот момент, когда вы рождаетесь в Царстве Бога, вы появляетесь в том Царстве, которое находится в состоянии войны с царством сатаны. Вы не можете остаться в стороне.

Объясню это так: например, человек принимает гражданство Соединенных Штатов, которые в это время находятся в состоянии войны с Японией. В момент принятия гражданства США этот человек автоматически оказывается в состоянии войны с Японией – у него нет выбора! Это же верно в отношении каждого человека, рожденного в Царстве Божьем. В тот момент, когда вы попадаете в Божье Царство, вы оказываетесь в состоянии войны с тем царством, которое воюет с вашим Царством. Это объясняет многие вещи, которые некоторые из вас, возможно, никогда не понимали.

Теперь, оставим царство сатаны и исследуем Божье Царство. Давайте рассмотрим внутреннюю духовную природу Божьего Царства, которое внутри нас. Есть один стих, который говорит об этом. Послание Римлянам 14:17:

Ибо Царствие Божие не пища и питие...

То есть это не материальная реальность. Оно не состоит из того, что вы едите или пьете. Как важно христианам осознать это. Давайте, наконец, прекратим создавать правила о том, что другим людям есть и пить.

...но праведность и мир и радость во Святом Духе.

Вот сущность Божьего Царства. Если вы имеете Царство Божье внутри себя, то у вас есть праведность, мир и радость во Святом Духе. Границы Царства распространяет Дух Святой. Вне Святого Духа Божьего Царства не существует.

Меня однажды спросили, что я думаю о, так называемых, «пара-церквях». Так называют христианские организации, которые несут вспомогательные служения и действуют параллельно церкви. Например, организацию *Молодежь с Миссией* (YWAM) обычно называют пара-церковью. Я уже начал делать исключения из этой фразы. Потому что во многих регионах мира именно пара-церковь делает то, что должна была бы делать церковь, и сегодня зачастую можно встретить то, что Святой Дух движется с пара-церковью, а не с церковью. Но это лишь мое наблюдение. Вот одно из моих определений поместной церкви: *это всё начатое и движимое Святым Духом в данном регионе,* – независимо от того, под каким названием это происходит.

Если церковь действительно является Церковью

Иисуса Христа в данной местности, то она должна: 1) вмещать и давать место всему тому, что Святой Дух делает в этой местности; 2) не давать места ничему, что Святой Дух не делает — независимо от того, насколько это общепринято и, казалось бы, рационально. Если что-то не делает Святой Дух, то это не является частью Божьего Царства. Царство Божье — в Святом Духе.

Полагаю, неразумно называть что-то церковью, в чём нет Святого Духа. Кто вызвал Церковь к жизни? — Святой Дух. Он сошёл на учеников, и появилась Церковь. До этого была лишь кучка беспомощных верующих. Кто поставляет служителей в Церкви? — Святой Дух. Павел сказал старейшинам церкви Ефеса (Деян. 20:28): «...*внимайте себе и всему стаду, в котором Дух Святый поставил вас блюстителями...*» Любое назначение в церкви, которое не было сделано Святым Духом, не имеет законной силы. Тогда именно такая «церковь» действительно является пара-церковью, в негативном смысле этого слова (в смысле не истинной церковью, а альтернативной — *прим. ред.*). Всё, что не было сделано Божьим Духом, не является частью Божьей Церкви.

Мне известны многие теологические определения церкви, я и сам могу дать любые возможные определения — хочу сказать, что проработал их все — и, честно говоря, устал от них. Имея всесторонне правильное понимание, но без Святого Духа, — всё, что вы имеете — это абсолютный ноль. Святой Дух является зачинателем Церкви. Он — движущая сила Церкви. Он Тот, Кто делает верующих людей Церковью Иисуса Христа. Границы Царства Божьего распростирает и наполняет Дух Святой, и оно не выходит за эти пределы ни на один миллиметр. Царство Божье — в Святом Духе. Понятие *«церковь»* включает в себя гораздо больше, чем просто собрания по воскресеньям и распевание гимнов.

Люди задают вопросы: почему мы видим сверхъестественных знамений, обещанных в конце 16-й главы Евангелия от Марка, которые должны следовать за учениками? Я скажу вам, почему это так: знамения обещаны тем, кто идет, а не тем, кто сидит. Если вы будете вечно сидеть, то никогда не увидите знамений. Идите по всему миру, и эти знамения будут сопровождать уверовавших. Один человек сказал по этому поводу так (и нам можно подвести итог этим высказыванием): *«Трудно следовать за припаркованной машиной!»* 90% сегодняшней церкви — это припаркованный (на церковной стоянке) автомобиль. Это не то, что делает Святой Дух. Святой Дух — это Дух интенсивной активности и потрясающей силы.

Давайте возвратимся к сущности Божьего Царства — это праведность, мир и радость, приносимые Духом Святым. Причем обратите внимание, что вне Царства Божьего нет праведности. Вне Царства есть только бунт. Только те люди, которые находятся в Царстве Божьем, могут знать праведность, потому что они находятся под властью Царя. Всякий, кто не находится под властью поставленного Богом Царя, является бунтарем. Кто в таком случае является их правителем? — сатана. Надеюсь, это понятно.

Итак, сначала идет праведность, затем приходит мир. Я верю, что мир является неизбежным следствием праведности. Но если вы ищете мира без праведности, то вы гоняетесь за чем-то, чего вы никогда не достигнете. Поставьте вашей целью праведность, и тогда мир Божий сам найдет вас. Где находится праведность? — только под правлением Царя Иисуса. Нет другого положения, в котором человек мог бы быть праведным. Это не просто соблюдение набора правил, но пребывание под Божьим правлением. Вы можете соблюдать все религиозные правила и в то же время оставаться бунтарем. Сегодня есть много религиозных бунтарей, соблюдающих свои правила.

Иногда требуется жизненная ситуация, чтобы бунт, находящийся внутри вас, проявился. Это как в притче о блудном сыне. Мы всегда рассматриваем ее как историю о младшем брате, который ушел. Но как насчет старшего брата? Когда блудный сын вернулся, и был принят отцом, − старший сын не захотел даже зайти в дом. Тогда отец вышел к нему и поговорил с ним. Какая удивительная благодать! И что тот сказал отцу: *«Вот, этот сын твой вернулся»*. Он не сказал: *«брат мой вернулся»*. Ответ отца можно выразить так: *«не только сын мой, но это и брат твой»* − между ними происходил интересный диалог! Но обратили ли вы внимание на то, что сказал старший брат. Он сказал: *«Я соблюдал все твои повеления с юных лет и никогда не был непослушным тебе»*, и, тем не менее, всё это время он был бунтарем в своем сердце. Понадобилось возвращение блудного сына, чтобы этот бунт, который гнездился в сердце старшего брата, проявил себя. Поэтому, не полагайтесь на соблюдение правил. Мы должны быть под личным правлением Иисуса.

Итак, 1) праведность, 2) мир и 3) радость. Я верю, что и мир, и радость − они являются неизбежным следствием праведности. Как видите, радость − это нечто духовное. Мы должны различать между радостью и весельем. Есть много определений, и я не буду утверждать, что эти слова следует употреблять только так. Но на их примере я хочу показать разницу. Я понимаю так, что веселье относится к сфере души, а радость относится к сфере духа. Веселье связано с внешними обстоятельствами, вашей ситуацией, тем, что вы переживаете. Радость связана только с одним источником, которым является Бог. Давайте взглянем на 42-й Псалом. Давид в это время находится в очень тяжелом положении. Во 2-м стихе он говорит:

...для чего я сетуя хожу от оскорблений врага?

Давид отвечает сам себе. Почему он в печали? — потому что находится под вражеским давлением. Затем Давид принимает решение, что он не останется в таком состоянии, и говорит в 4-м стихе:

И подойду я к жертвеннику Божию, к Богу радости и веселия моего...

В еврейском оригинале говорится о том, что он приближается к *«обетованию всей его радости»*. Итак, где мы находим радость? — в Боге!

Также обратите внимание на то, где мы встречаемся с Богом — у жертвенника. Это место, где мы полагаем свою жизнь. Итак, радость — это не что-то изменчивое и эмоциональное, в то время как веселье и удовольствие непостоянно. Веселье изменчиво, а радость — нет, потому что она обусловлена только праведностью.

Итак, вот чем является Божье Царство. Если на самом деле находитесь под царским правлением Иисуса, то вы имеете всё это внутри себя. Тогда Бог видит вас праведными: вы праведны, вы имеете мир и вы имеете радость.

Есть замечательное утверждение в последнем стихе 13-ой главы Деяний. Через Павла к Господу обратилось много людей, и вот Павел должен уйти и оставить их посреди гонений. Полагаю, он вынужден был уйти. Итак, в Деяниях 13:52 сказано об этих учениках:

А ученики исполнялись радости и Духа Святого.

И это посреди гонений... Вы понимаете? Теперь, я спрошу вас: можно ли быть исполненным Святым Духом, не имея наполнения радостью? — не думаю, что такое возможно.

Одна из основных проблем западного христианства состоит в том, что оно по большей части сосредоточено на человеке. Среди нас очень мало тех, кто сосредоточен на Боге. Мы склонны рассматривать Бога как способ легкого и удобного способа жизни, помогающего нам быстро получить то, что мы хотим. Мы находимся в центре, а Бог вращается вокруг нас. Однако Божье Царство устроено не так − в Божьем Царстве Иисус находится в центре, а мы находимся под Его правлением − правлением Царя. И тогда мы имеем праведность, мир и радость в Святом Духе.

Затем, нам нужно иметь всё это также в наших отношениях друг с другом. Этому надлежит быть не только внутри нас, но Царство должно быть проявлено и среди нас. Настолько, что мы должны быть способны показать миру, что значит иметь отношения в праведности, поступать с другими людьми правильно.

Иисус дал одно основание, на которое опирается весь закон и пророки: «*поступай с другими людьми так, как ты хочешь, чтобы они поступали с тобой*» − это праведное отношение. И когда мы будем иметь праведность, тогда между нами будет мир: у нас не будет ссор и пререканий. Когда у нас есть праведность и мир, тогда мы не будем нуждаться в посторонней помощи для того, чтобы получать радость. Поэтому, относится ли это к вам лично, или к общению группы учеников − пребывание в Царстве приносит праведность, мир и радость.

Теперь, в свете этого мы скажем еще несколько слов о Церкви. Обратимся к Посланию Иакова 1:18, где сказано о Боге следующее:

Восхотев, родил Он нас словом истины...

Знаете, почему вы родились свыше? − потому что Бог того захотел! Это никогда бы не произошло, если бы Он не захотел. Это произошло не потому, что вы захотели, но потому что Он захотел. Все начинается с Бога.

Восхотев, родил Он нас словом истины...

Какова Его цель?

…чтобы нам быть некоторым начатком Его созданий.

Другими словами, мы — рожденные свыше по Его промыслу от Божьего Духа — являемся начатком чего-то, что, в конечном итоге, переходит в век грядущий. Однако мы начинаем проявлять это уже в этом веке. Когда люди смотрят на каждого из нас и на всех нас вместе, то они должны увидеть прообраз того, что, в конце концов, наполнит землю — увидеть в нас отражение Божьего Царства.

Мы являемся начатком. Это интересное сравнение, потому что слово «начаток» берет свое происхождение от ветхозаветных приношений. В Ветхом Завете было два вида начатков. В Первом послании Коринфянам 15:20 Павел говорит:

Но Христос воскрес из мертвых, первенец из умерших.

Итак, вот один начаток или первенец — это Сам Иисус. Но мы, Церковь, Его ученики, тоже являемся своего рода начатками.

Если вы обратитесь к 23-й главе книги Левит, то обнаружите там оба вида начатков. Это место Писания проливает свет: есть начаток, который был воплощен в Иисусе, и начатки, которые были воплощены в Церкви. Вот эти начатки плодов — Лев. 23:9-11:

И сказал Господь Моисею, говоря: объяви сынам Израилевым и скажи им: когда придете в землю, которую Я даю вам, и будете жать на ней жатву, то принесите первый сноп жатвы вашей к священнику. Он вознесет этот сноп пред Господом, чтобы вам приобрести благоволение; на другой день праздника («шаббат») вознесет его священник.

В нашей неделе, какой день идет после «шаббат» или субботы? — воскресенье. Шаббат — это суббота, а воскресенье — это первый день недели согласно Библии. Этим начатком был один-единственный сноп, — первый сноп, который пожали на новой жатве. Он был возносим перед Господом в воскресенье, в первый день недели. Христос является этим начатком. Триумфальное вознесение первого снопа — это Его воскресенье. Он является первым снопом жатвы, который свидетельствует о том, что остальная жатва также будет пожата и вознесена. Это обещание было подтверждено воскресением Иисуса из мертвых в первый день недели.

Затем немного дальше, в 15-м стихе, Моисею даны указания о другом начатке.

Отсчитайте себе от первого дня после праздника («шаббат»)...

Какой это день? — воскресенье, или первый день недели. К слову сказать, осознаете ли вы, насколько оккультизм пропитал всё? Знаете ли вы, что даже дни недели в английском языке названы именами языческих богов? Понедельник — это день Луны. Четверг — день Тора. Пятница — день Фриара. Это древние нордические боги. В Библии их имена не используются. Там говорится: первый день недели, второй день, третий день... «ара-шаббат» — это день перед «шаббат». Затем «шаббат».

Одно из благословений жизни в Израиле состоит в том, что ты начинаешь немного лучше понимать Божий календарь. В Израиле воскресенье — самый занятый день недели — это первый день. Все отдыхали в «шаббат», а на следующий день выходят на работу. На дорогах огромные скопления машин, по крайней мере, в Иерусалиме.

Итак, Левит 23:15-16:

Отсчитайте себе от первого дня после праздника...

После «шаббат» — это первый день недели.

...от того дня, в который приносите сноп потрясания, семь полных недель...

Это семь недель. В семи неделях 49 дней.

...до первого дня после седьмой недели отсчитайте пятьдесят дней...

Каким днем недели является первый день после седьмого «шаббат»? — это воскресенье, или первый день.

...и тогда принесите новое хлебное приношение Господу.

Каким днем в календаре является пятидесятый день от «шаббат», который был перед воскресением Иисуса? — Пятидесятница. Что произошло в день Пятидесятницы? — на учеников сошёл Дух, и что произошло? — родилась Церковь. Итак, первые плоды представляют Церковь. 17-й стих:

От жилищ ваших приносите два хлеба возношения, которые должны состоять из двух десятых частей ефы пшеничной муки, и должны быть испечены кислые...

Обратите внимание, что практически все приношения были пресные, но в этих приношениях есть закваска, и закваска символизирует плотскую природу. Это человеческие существа — не божественные. В 17-м стихе есть ключевое выражение:

...как первый плод Господу.

Итак, вы видите, что есть два вида первых плодов, начатков — они были в точности воспроизведены в Новом Завете. Первое — это воскресение Иисуса — это тот один сноп, который уже был вознесен. Вознесение снопа является символом победы. Семя, упавшее в землю, возродилось к новой жизни — это воскресение. Колос был пожат и вознесен.

Через 50 дней после того дня (поэтому эта календарная дата и названа «Пятидесятницей») был другой первый плод, — это были два хлеба, испеченные из муки нового урожая. Однако они были испечены с закваской — они не были божественно чистыми. Два — является числом свидетелей, и закваска говорит о том, что они были людьми. И это рождение Церкви, в качестве чего? — первого плода для Господа.

5. ЦАРСТВО СВЯЩЕННИКОВ

Царство Божье — это Царство света, в то время как царство сатаны — это царство тьмы. Как уже было сказано, на данном этапе отношений Бога с нами, Его народом, Царство Божье находится внутри нас. Оно является внутренним царством. Его природа выражена в Послании к Римлянам 14:17, — этот стих является ключевым:

Ибо Царствие Божие не пища и питие, но праведность и мир и радость во Святом Духе.

Всё, что вы можете иметь Без Святого Духа — это всего лишь теория, теология, доктрина и религия. Но в Духе Святом вы имеете Царство. Я действительно верю, что для нас Царство Божье содержится в Духе Святом. Там, где мы не имеем Святого Духа, там у нас нет Царства.

Кто-то сказал, что одним из величайших грехов Церкви на протяжении последних веков является угашение Святого Духа, непочтение и невнимание к Нему. Мой личный вывод относительно истории Церкви (пусть я не называю себя экспертом в этой области) звучит так: *история Церкви — это девятнадцать веков поиска такой безопасной системы, при которой мы могли бы не полагаться на Дух Святой.* Но истина в том, что такой системы не существует, и мы должны полагаться на Него.

Первоначальным проявлением Царства является праведность. Мир и радость исходят из праведности.

Книга пророка Исаии 32:17:

> *И делом правды* (или праведности) *будет мир, и плодом правосудия — спокойствие и безопасность вовеки.*

Как видите, мир и все другие благословения проистекают из праведности. Как уже было сказано — и вряд ли я смогу переусердствовать, подчеркивая это вновь и вновь — нет праведности нигде и никому, кроме тех, кто находится под царским правлением Иисуса. Любой человек, который не находится под господством Иисуса, — это бунтарь. Слово Божье в последних главах Книги пророка Исаии трижды утверждает, что *«нет мира для нечестивых»*. Нечестивцы и бунтари не познают истинного мира.

В этой части нашего изучения мне бы хотелось рассмотреть ещё один аспект Царства, который мы должны реально переживать в нашей жизни. Следует рассмотреть не только то, что мы имеем внутри нас и посреди нас, но и наши обязанности как подданных Царства — то, что Бог ожидает от нас.

Давайте прочитаем с вами ряд мест Писания на эту тему, начиная с книги Исход 19:4-6, где Бог говорит о предназначении, для которого Он искупил Свой народ Израиль из Египта. Мы можем сказать, что Израиль по большому счету так и не вошел в предназначение Божье. Из-за своего неверия и бунта они упустили Божью цель. Однако я убежден, что грех и сатана могут задержать исполнение Божьих целей, но они никогда не смогут окончательно расстроить их. В конце концов, что Бог предопределил, то и произойдет. Итак, несмотря на то, что Израиль в целом (хотя и не весь) потерпел в этом неудачу, — это всё равно остается Божьей целью для Его народа. Исход 19:4:

> *...вы видели, что Я сделал Египтянам, и как Я носил вас как бы на орлиных крыльях, и принес вас к Себе.*

Не буду задерживаться здесь, потому что в таком случае мы уклонимся от нашей темы, но, пожалуйста, запомните одно, что основная цель искупления – это привести нас к Самому Богу. Всё остальное является второстепенным. Как видно, именно в этом Израиль и потерпел неудачу. Они были заинтересованы в завете, они заинтересовались законом и его благословениями, они были заинтересованы в обетованной земле, но большинство из них не были действительно заинтересованы в Самом Боге. Должен сказать, что сегодня то же самое верно в большей части христианской Церкви. Люди заинтересованы в том, что они могут получить от Бога: исцеление, благословение, преуспевание, духовные дары. Но лишь немногие действительно осознают то, чего Бог желает больше всего – это наши личные взаимоотношения с Ним.

На мой взгляд, израильтяне прошли мимо, не обратив никакого внимания на слова Господа: *«Я принес вас к Себе»*. Насколько это можно видеть в Писании, и далее в своей истории они практически всякий раз проходили мимо Бога, стремясь к тем выгодам, которые они, по их мнению, могли получить от Него. Не думаю, что с тех пор человеческое сердце сильно изменилось.

Как бы там ни было, Бог говорит дальше и объясняет Свои цели, стих 5:

> *Итак, если вы будете слушаться гласа Моего и соблюдать завет Мой...*

Вот два условия, которые устанавливает Бог, и они неизменны, – они остаются теми же в любое время. На всех этапах Своих отношений с человечеством Бог требовал от Своего народа: во-первых, *внимательно слушать Его голос* и, во-вторых, *хранить Его завет*. Это так же истинно и для нас, христиан Церкви Иисуса Христа, как это было истинно для Израиля. Иисус сказал о Своих действительных учениках в Евангелии от Иоанна 10:27:

*...овцы Мои слушаются голоса Моего, и Я
знаю их, и они идут за Мною...*

Вот отличительный признак истинных христиан.
Дело не в церковном ярлыке: католики мы, баптисты
или пятидесятники. Дело не в правильности доктри-
ны и не в старании исполнить закон. Здесь сказано
о тех, кто слушает Его голос. Это первоначальное
условие для того, чтобы быть народом Божьим.

Затем, мы должны хранить Его завет. Бог всегда
поддерживает постоянные отношения с людьми только
на основании завета, и никак иначе. Вы найдете, что
всегда, когда Бог хотел иметь постоянные отношения
с людьми, Он устанавливал их на основании завета.

Я также верю, что постоянные отношения между
двумя людьми по Писанию основываются на завете.
Наглядным примером этому является брак. Брачный
союз ясно определен, как завет. Не думаю, что Бог
предусмотрел возможность установления стабиль-
ных, постоянных отношений, не основанных на завете. Касается ли это отношений с Богом или отношений между людьми.

Это два требования, которые всегда неизменны:
слушать Божий голос и соблюдать Его завет. Затем
Он открывает Свой план для нас и говорит, что если
мы будем это исполнять:

...то будете Моим уделом ...

Или, как сказано в другом переводе: *«Моей уникальной драгоценностью».*

...из всех народов; ибо Моя вся земля...

Мы будем уникальной драгоценностью Господа,
будем в центре всего Его внимания, в центре всех Его
планов. Какое славное обетование! Если бы только
Божий народ мог осознать, насколько внимание Бога
обращено к нам. Далее, Исход 19:6:

*...а вы будете у Меня царством священников
и народом святым.*

Вот три положения, которые предлагает Бог: *«уникальное сокровище»*, *«царство священников»* и *«святой народ»*. Эти обетования идут вместе — мы не можем быть чем-то одним, и не быть другим. Но сейчас давайте сосредоточимся на Царстве священников. Я верю, что это является неизменной Божьей целью, которая не была отодвинута в сторону Новым Заветом, но, напротив, — с новой силой обозначена им.

Если вы обратитесь к Первому посланию Петра 2:9, то обнаружите, что Петр применяет слова из 19-й главы Книги Исход к верующим в Иисуса Христа:

Но вы (верующие в Иисуса Христа) *— род избранный, царственное священство, народ святый, люди взятые в удел...*

Фраза о том, что мы *«люди, взятые в удел»*, означает, что мы относимся к Его уделу. *«Народ святой»* — это повтор сказанного выше. Затем говорится *«царственное священство»*. Что означает слово *«царственное”*? — имеющие царственное достоинство. Итак, это *«царственное священство»* или *«царство священников»*. Вот Божья цель для нас. Наша функция — быть Его Царством. Внутри нас находится Божье Царство — праведность, мир и радость, а в нашем служении мы — Царство священников.

Давайте заглянем в книгу Откровение 1:5-6:

Ему, возлюбившему нас и омывшему нас от грехов наших Кровию Своею...

В современных переводах это звучит примерно так: *«Ему, Который любит нас и освобождает нас от наших грехов Своею Кровью...»*

...и соделавшему нас царями и священниками Богу и Отцу Своему, слава и держава во веки веков! Аминь.

Обратите внимание, что через применение Крови Иисуса в наших жизнях, Бог сделал нас: *«царями и священниками»*, *«царством священников»* и *«цар-*

ством и священниками Богу и Отцу Своему» (несколько признанных переводов используют первый вариант, значительная часть — второй и третий, — *прим. ред.*). Я дал вам все три варианта, потому что вы сможете найти их в разных переводах. Однако какой бы ни был перевод, смысл практически один и тот же. Это обновление того, что было сказано в 19-й главе книги Исход, что цель Бога для нас — быть Царством священников. Это, безусловно, является основанием и центром всех Божьих намерений.

Давайте немного поразмышляем, что это означает для нас с вами. Если мы Царство священников, тогда лишь один определённый вид людей относится к этому Царству — священники. Приведу два примера. Например, если мы говорим о расе великанов, то к этой расе относятся только те люди, которые являются великанами. Или если мы говорим об археологическом обществе, то к этому научному обществу относятся только те люди, которые являются археологами. Итак, если мы говорим о Царстве священников, то единственные люди, которые относятся к этому Царству, — это священники.

Это момент истины. В действительности многие, считающие себя христианами, не находятся в Царстве. Потому что они не исполняют условия. Наверное, все знают, в чем заключается функция царя: он правит или, если быть более точными, царствует. А какую особую уникальную функцию выполняет священник, которую никто другой не имеет право исполнять? — он приносит жертвы. Помимо жертв священники приносят ещё кое-что — они приносят дары. Люди не часто задумываются над этим. Мы говорим обо всех священниках — это истинно как для священников Ветхого Завета, так и для священников Нового Завета — принцип не меняется.

Многие люди не осознают, что вы не можете ничего предложить Богу, если нет священника, который принес бы это Богу от имени приносящего. Никто не можете просто прийти к Богу и сказать: *«Господь, я хочу дать Тебе тысячу долларов».* Божий этикет не дозволяет поступить так. Никто не может принести что-либо Богу без священника. В вопросе приношения существует полная зависимость от священника. Никто, кроме священника, не может приблизиться к Богу с жертвой или даром. Это базовая истина Писания, которая по большей части выпала из поля зрения большей части христиан.

В Новом Завете есть одна книга, которая особым образом представляет первосвященство Иисуса. Ни одна другая книга не содержит этого откровения. О какой книге идет речь? – это Послание к Евреям, которое назвали «Книгой Левит для Нового Завета». Книга Левит в Ветхом Завете говорит о священстве и жертвах. В Новом Завете об этом говорит Послание к Евреям. Давайте кратко в самых общих чертах рассмотрим священническое служение Иисуса.

Послание к Евреям открывает, что Бог сделал Иисуса Первосвященником по чину Мелхиседека навечно. Не по чину Левия, который был под законом Моисея, но по чину Мелхиседека. Первоначальное священничество в Библии – это не священство Левия, но священство Мелхиседека. В книге Бытие 14:18 в первый раз в Библии используется слово «священник», и оно используется по отношению к Мелхиседеку.

Мелхиседек – это еврейское имя, понимание значения которого прольет больше света на всё остальное. Если произносить это имя ближе к его оригинальному звучанию, то это Мелхи-Цедек. «Мелхи» – это царь, а «Цедек» – праведность. Итак, Иисус – Первосвященник по чину Мелхиседека. Но являясь Первосвященником по чину Мелхиседека, Иисус не только Священник, но и Царь. Как видите, в чине Мелхиседека совмещено царствование и священничество.

Когда был дан закон — отступивший на более низкий уровень — эти две функции были разделены. Священничество отошло колену Левия, а царствование отошло колену Иуды. Царю уже не разрешалось приносить жертвы. Было два царя, которые дерзнули это сделать: Саул и Озия. Это было непослушанием и грехом с их стороны — в результате Саул потерял своё царство, а Озия был поражен проказой. Как видите, была проведена четкая граница, которую не разрешалось пересекать никому — разграничительная линия между правом на царствование (принадлежавшим колену Иуды) и правом на священство (принадлежавшим колену Левия).

Когда Мелхиседек встретил Авраама — Бытие 14:18 — он предложил ему два простых, но важных символа: хлеб и вино. Они являются отличительным признаком священнического служения Мелхиседека. На Последней вечере, после пасхальной трапезы, Иисус подал Своим ученикам хлеб и вино. Что тем самым Он сказал им? — священство Мелхиседека восстановлено в Нем. Произошел возврат от порядка, установленного законом Моисея, к первоначальному, извечному порядку священства Мелхиседека — к чину Мелхиседека, при котором функции царя и священника нераздельны. Поскольку мы должны быть «царственными священниками» или «царями и священниками», то к какому порядку принадлежим мы? Левия или Мелхиседека? — конечно Мелхиседека.

Теперь давайте посмотрим на первосвященническое служение Иисуса. Понимаете, чтобы быть священником, Он должен был делать одну вещь. Что именно? — приносить жертвы. Если бы Он не приносил жертвы, то Он не был бы священником. Но Он не был из колена Левия, поэтому Он не мог приносить левитские жертвы, которыми служили тела животных, птиц и т.д. Тогда какую жертву Он принес? − не спешите с ответом, мы заглянем в текст Писания. Хочу, чтобы вы подумали над этим вопросом, потому что Иисус наш Первосвященник. Его примеру мы должны следовать. Мы не должны следовать примеру левитского священства − оно оставлено. Мы состоим в священстве Мелхиседека.

В Послании к Евреям находится несколько интересных утверждений. Основное утверждение, касающееся нашей темы, находится в Евреям 5:1:

Ибо всякий первосвященник, из человеков избираемый, для человеков поставляется на служение Богу, чтобы приносить дары и жертвы за грехи...

Вот служение священника. Я предпочитаю менять порядок, потому что жертвы идут перед дарами. Если вы пришли не с жертвой, у вас нет права приносить дар. Принятая жертва − это первоначальное условие, выполнение которого говорит о нашем примирении с Богом. Стих 5:

Так и Христос не Сам Себе присвоил славу быть первосвященником, но Тот (Бог-Отец)*, Кто сказал Ему: «Ты Сын Мой, Я ныне родил Тебя»...*

Здесь дана цитата из 2-го Псалма. Это относится к воскресению − через воскресение Бог возродил Иисуса из мертвых.

...как и в другом месте говорит: «Ты священник вовек по чину Мельхиседека».

Эти слова Ветхого Завета подтверждают извечную Божью цель, чтобы Иисус был Первосвященником по чину Мелхиседека.

Затем, в 7-м стихе говорится об Иисусе во время Его земной жизни:

Он во дни плоти Своей с сильным воплем и со слезами (что сделал?) *принес молитвы и моления...*

Будучи священником, Иисус должен был делать приношения. Что Он принес? – молитвы и моления. Итак, что было жертвой Иисуса в Его служении как священника по чину Мелхиседека? – молитва! Если вы назовете это ходатайством, то будете совершенно правы.

Но помимо молитвы была еще одна жертва, которую принес Иисус. Он принес Себя Самого. Послание к Евреям 9:14:

...то кольми паче Кровь Христа, который Духом Святым...

В другом переводе сказано *«Вечным Духом»*. Вечный Дух – это Святой Дух. Что означает вечный? – это означает находящийся вне времени. Видите ли, произошедшее на Голгофе, не было ограниченно временными рамками – оно охватывало вечность. Оно вобрало грехи всех людей, в прошлом и в будущем, потому что было произведено Вечным Духом.

Вечным Духом Он принес что?

...принес Себя непорочного Богу...

Здесь Иисус выступил одновременно, как в качестве Священника, так и в качестве предлагаемой Жертвы – Он принес Себя Самого.

Перелистаем Послание к Евреям немного назад и сделаем дальнейший шаг в логическом раскрытии истины. Начиная со стиха 6:19 идет речь о вечной надежде, которая принадлежит нам благодаря смерти и воскресению Иисуса. Иисус представлен нам в качестве нашего Первосвященника по чину Мелхиседека. Помните о том, что разделение на главы было сделано несколько веков спустя после написания Нового Завета, и порой эти деления рассекают логический ход мысли.

...надежда... которая для души есть как бы якорь безопасный и крепкий, и входит во внутреннейшее за завесу (это вторая завеса –

вход во Святое Святых), *куда предтечею за нас вошел Иисус...*

Он прошел в Святое Святых (присутствие Божье) впереди нас. И Он прошел как Предтеча, чтобы приготовить путь, по которому и мы должны последовать за Ним.

...сделавшись Первосвященником вовек по чину Мелхиседека.

Итак, после Своего воскресения и вознесения Иисус вошел в непосредственное присутствие Божье, чтобы представлять нас, быть нашим Предтечею, открыть для нас путь, чтобы и мы могли войти туда. Он сделал это, став Первосвященником по чину Мелхиседека.

Затем открывается значение имени Мелхиседек. Евреям 7:1:

Ибо Мелхиседек, (то есть) царь Салима...

Салим – это город, где он был царем. Он вышел из Салима, чтобы встретить Авраама. Какой город представляет Салим? – Иерусалим. Слово *«салим»* означает «мир». Это то же, что и современное еврейское слово *«шалом».* *«Иеру»,* судя по всему, переводится как «город», который на современном еврейском языке звучит как *«иер».* Итак, Иерусалим – это Иер-Салим – «Город мира». Арабы продолжают называть его *«Ур-Шалим».* Что на самом деле ближе к оригиналу, чем современное еврейское название. Он был царем Салима, т.е. *«шалома»,* – мира.

...священник Бога Всевышнего, – тот, который встретил Авраама и благословил его, возвращающегося после поражения царей, которому и десятину отделил Авраам от всего...

Обратите внимание, здесь состоялся обмен, – причем очень интересный. Мелхиседек дал Аврааму хлеб и вино. Авраам же отдал ему свою десятину. Люди говорят о традициях своей церкви и гордятся, если их традициям пятнадцать веков. Вот традиция, которой целых 4000 лет: принимать хлеб и вино и отдавать десятину.

Продолжаем с середины 2-го стиха:

> *...во-первых, по ознаменованию имени царь правды, а потом и царь Салима, то есть, царь мира, без отца, без матери, без родословия, не имеющий ни начала дней, ни конца жизни, уподобляясь Сыну Божию, пребывает священником навсегда.*

Думаю, что некоторым из вас довольно сложно проследить за ходом мысли. Когда вы читаете Послание к Евреям, вам необходимо немного перестроить свое мышление. Однако когда вы обнаруживаете нить этих рассуждений, то получаете потрясающие богатства и благословения. У меня есть учение по Посланию к Евреям стих за стихом, занимающее более 20-ти проповедей. Следующая цитата, Евреям 7:25:

> *...посему и может всегда спасать* (спасать навсегда, спасать полностью) *приходящих чрез Него к Богу, будучи всегда жив, чтобы ходатайствовать за них.*

Что является выражением Его служения как Первосвященника? — постоянное ходатайство. Как видите, перед нами образец первосвященнического служения Иисуса. Он принес молитвы и моления, принес Себя Самого, Он отдал Своё тело, как окончательную жертву за грех. И сейчас Он жив, Он наш Первосвященник на небесах, постоянно ходатайствующий за нас.

Теперь я хочу показать вам, что Новый Завет свидетельствует о том, что мы должны в точности следовать этому образцу служения. Это совершенный образец священнического служения, и пока мы не научимся служить согласно этому образцу, мы не можем действовать как священники. Пока мы не служим как *священники*, мы не можем править как *цари*, потому что Царство для священников. Это удивительная мысль. Есть один единственный путь к правлению, и он лежит через молитву. Когда мы научимся молиться, тогда мы сможем править.

Теперь давайте рассмотрим, как это относится к нашей жизни. Это очень просто и коротко. Нам нужны только два места Писания. Во-первых, Послание Римлянам 12:1, которое начинается со слова «итак». Некоторые из вас уже знают о том, что когда вы обнаруживаете в Библии слово «итак», то вам следует узнать, почему оно стоит там.

Это «итак» в 12-й главе Послания к Римлянам является результатом всех предыдущих глав этого послания. По окончании 11-ти глав чудесного откровения Павла о суверенной благодати и милости Божьей, 12-я глава начинается словом «итак», − итак, как мы можем надлежащим образом отреагировать на всё, что Бог сделал для нас? − и первый стих говорит нам об этом:

Итак, умоляю вас, братия, милосердием Божиим, представьте тела ваши в жертву живую, святую, благоугодную Богу, для разумного служения вашего...

Другие переводы говорят: «*для духовного служения вашего*». Какая реакция ожидается от нас? Что мы предоставим что? − наши тела. Как много из вас когда-нибудь сделало это? Это первая ожидаемая реакция на Божью милость.

Насколько практичным является Бог. Это не что-то эфемерное, сверхдуховное или мистическое. Раскрыв нам Свою благодать и милость, Бог говорит: «*Я хочу ваше тело. Я хочу, чтобы вы представили Мне свои тела. Положите своё тело на алтарь Моего служения*».

Единственное отличие от жертв Ветхого Завета

заключается в том, что тех закалывали. Павел призывает нас: *«Сделайте то же самое, только не убивайте – это жертва живая».* Павел как бы говорит нам: *«Жертвы Ветхого Завета – вол, овца или баран – целиком предавались Богу, возлагались на Его жертвенник и выходили из-под контроля и владения приносящего. Так и мы должны полностью представить наши тела как живые, святые жертвы Богу».*

Как вы понимаете, это напрямую относится к Иисусу – Он принес Себя. А что должны принести мы? – самих себя. Если вы сделаете это, то тогда (как говорит 2-й стих) вы будете обновлены в вашем разуме. Затем, вашим обновленным разумом вы сможете обнаружить Божью волю для вашей жизни. Но если вы не предоставляете своё тело, то никогда не обновитесь разумом, и никогда не найдете Божью волю для своей жизни.

Это проблема многих – возможно, это и ваша проблема. Люди не знают воли Божьей, потому что так и не представили свои тела в жертву. Когда вы отдали своё тело Богу, тогда Он владеет им, а не вы. Он принимает решения, что тело будет кушать, что оно будет носить, куда оно пойдет, какую работу будет выполнять. Это не ваше решение, потому что ваше тело не принадлежит вам. Оно принадлежит Богу. Может быть, вы будете миссионером в какой-нибудь романтической Новой Гвинее или будете домохозяйкой, стирающей подгузники – в любом случае это Божье решение, а не ваше.

Теперь, возвращаясь к 13-й главе Послания к Евреям, мы подходим к другой стороне нашего служения как священников. В Послании Евреям 13:15-16 есть ещё одно слово «итак». Не будем углубляться, по каким причинам оно здесь, но для этого конечно есть причина.

Итак, будем чрез Него (через Иисуса) *непрестанно приносить Богу жертву хвалы, то есть, плод уст, прославляющих имя Его.*

Обратите внимание, что мы делаем? — мы приносим жертвы. Если мы приносим жертвы, что это означает? — что мы являемся священниками. Здесь говорится о двух духовных жертвах: о хвале и благодарении, но это не все. В 16-м стихе продолжение:

Не забывая также благотворения и общительности, ибо таковые жертвы благоугодны Богу.

В общей сложности здесь указано четыре вида жертв: хвала, прославление, благотворение и общительность. Многие ли из вас знают, что благотворительность — это жертва?

Знаете, в чем я убедился? Что Бог больше всего благословляет меня тогда, когда я делаю то, что мне чего-то стоит. Когда это неудобно для меня, когда это идет вопреки моим естественным желаниям, вот тогда это жертва. Делать добро — это жертва. Участие в чьей-то жизни — это очевидная жертва. Вы делитесь с другими тем, что имеете.

Хвала, прославление, благотворение и общительность — это четыре основные жертвы, которые мы, как священники, приносим Богу, когда отдаем Ему свое тело. Откликаясь на Божий призыв и предоставляя Ему свое тело целиком, мы не оставляем места торгу. Когда вы возлагаете ваше тело на Божий жертвенник — оно освящается (Матф. 23:19), вы становитесь отделенным для Бога. После этого Бог признает вас священником, и принимает ваши жертвы.

Первое послание Петра 2:4-5:

Приступая к Нему, камню живому, человеками отверженному, но Богом избранному, драгоценному, и сами, как живые камни, устрояйте из себя дом духовный, священство святое...

Если мы «священство святое», тогда что будет следующим? — приношение жертв.

...чтобы приносить духовные жертвы...

Не жертвы животных, но духовные жертвы. Чтобы быть священниками, мы должны научиться священническому служению жертвоприношения. Хвала, прославление, благотворение и общительность, а затем? Каково наивысшее служение Иисуса, которое Он продолжает исполнять? – *ходатайство*.

Насколько я понимаю, ходатайство происходит во Святом Святых. Существует пять служений созидания Тела Христова, Церкви на земле, о которых мы говорили и которые, как я верю, сегодня восстанавливаются. Это апостолы, пророки, евангелисты, пастыри и учителя. Иисус в совершенстве был каждым из них. Иисус был совершенным апостолом, совершенным пророком, совершенным евангелистом, совершенным пастырем и совершенным учителем. Во всех этих служениях Он является образцом для нас.

Если вы знакомы с моим толкованием скинии, то эти служения представлены во Святом. Первая завеса является границей между осязаемой чувствами реальностью и реальностью веры. Первая завеса – это *воскресение*. А вторая завеса – это *вознесение*. Мы не просто воскресли с Ним, но, как нам говорит Послание к Ефесянам, мы воссели с Ним на Престоле.

Итак, за второй завесой находится уже другой комплект служений. Надеюсь, что вы понимаете это. Если вы осознаете это, то это захватит ваш дух. Если это вас не захватывает, то я сомневаюсь, понимаете ли вы меня. Я должен доверять Святому Духу, чтобы Он помог всем нам: мне – объяснить это более ясно, а вам – ухватить это.

Какие служения находятся за второй завесой в Святом Святых, т.е. после воскресения и благодаря вознесению? – *служения царя и священника*. Он, будучи Первосвященником, восседает на Престоле.

Посмотрим в Книгу Пророка Захарии. Это настолько захватывающая тема! Захария 6:12-13 –

здесь дано прекрасное всеобъемлющее предсказание об Иисусе как Мессии. Это одно из самых ясных мессианских пророчеств Ветхого Завета.

> *...так говорит Господь Саваоф: вот Муж, — имя Ему Отрасль* (это одно из великих званий Мессии в Ветхом Завете), *Он произрастет из Своего корня и создаст храм Господень. Он создаст храм Господень и примет славу, и воссядет и будет владычествовать на престоле Своем...*

Кто владычествует на Престоле? — Царь.

> *... будет и священником на престоле Своем...*

По какому чину или порядку? — по чину Мелхиседека.

> *...и совет мира будет между тем и другим.*

Обратите внимание, здесь семь последовательных утверждений о Мессии.

1. Его имя — Отрасль. Вы найдете это в 11-й главе Книги пророка Исаии: *«отрасль* (ветвь) *от корня Иессеева»* и в 23-й главе Книги пророка Иеремии: *«Отрасль праведная».*

2. Он отрасль *«из Своего корня»* — Он будет расти. Вы знаете, что никто не растет, если не находится на своем месте, не *«из своего корня».* Если вы не на своем месте, то вы никогда не вырастете. Кто-то сказал: *«Расцветай и процветай там, где ты посажен».* Если вы не были посажены и не были укоренены, то вы никогда не будете цвести. Вы знаете, что такое укоренение? — это *посвящение.*

3. Он создаст храм. Что будет этим храмом? Кто является этим храмом? — мы являемся этим храмом.

4. Он примет славу. Еврейское слово, обозначающее славу, это *«кавод».* А слово, обозначающее бремя, это *«кават»,* и оно образовано от того же корня. Вы знаете, что слава — это бремя? Если

бы Бог возложил всю эту славу на нас, как вы
думаете, что произошло бы с нами? – мы бы рух-
нули. Есть только одна Личность, Кто может нести весь груз славы.

5. Он будет владычествовать на Престоле Своем
    как Царь.

6. Он будет Священником.

7. *«...совет мира будет между тем и другим».* В
    Современном переводе это звучит так: *«будет
    гармония между этими двумя функциями».* Ка-
    кими двумя функциями? – между служением
    царя и служением священника. Но, заметьте, что
    слово «функция» вставлено, – его нет в еврей-
    ском оригинале. Я склонен думать, что *«совет
    мира между этими двумя»* – это не просто гар-
    мония между функциями, но между Личностями
    – между Богом-Отцом и Богом-Сыном, разделя-
    ющими Престол в совершенной гармонии друг с
    другом.

Итак, мы имеем пример Мелхиседека. Теперь
позвольте мне рассказать, как это относится к нам.
Я чувствую особое помазание, когда говорю о Мел-
хиседеке. Это как будто новое вино для моей души –
оно просто опьяняет меня. Мне жаль тех людей, кого
это не захватывает. Я не имею ничего против них, но
они многое теряют.

Это вхождение в славное откровение, потому что
это наша судьба – Иисус – Он наш Первосвященник
по чину Мелхиседека, и мы находимся в том же чине.
В Божьем Царстве мы с вами являемся царством священников. Но мы *не сможем править как цари, пока
не научимся служить как священники.* Пока мы не
приносим надлежащие жертвы, мы просто носим титулы царей, но не являемся ими на самом деле.

Царство Божье – это Царство священников.
Люди, которые действительно владычествуют на
этой земле для Бога, – это те люди, которые научи-

лись служить как священники. И это служение освящено — оно находится в непосредственном Божьем присутствии во Святом Святых.

Иисус провел три с половиной года в земном служении и на данный момент Он провел почти 2000 лет в ходатайстве на Небесах. Эта разница говорит нам о важности одного по сравнению с другим, не так ли? *Ходатаи — это те люди, которые уже сегодня царствуют на земле.* И нам необходимо иметь больше — намного больше — таких людей.

Теперь мне хотелось бы подвести небольшой итог и сделать два утверждения: 1. Мы имеем Царство — оно внутри нас — оно есть праведность, мир и радость. 2. Мы также царство священников, — но мы не сможем исполнять свою роль царей, до тех пор, пока не научимся служить, как священники.

Недавно кто-то спросил меня, есть ли достоверная информация о том, что иудеи хотят восстановить иерусалимский храм. Не буду останавливаться на этом подробно, скажу лишь то, что они серьезно и на академическом уровне изучают и готовят левитское священническое служение. Если левитов не начать готовить заранее, то в тот момент, когда у них будет храм, они будут не готовы нести служение в нем. На обучение всему, что включает в себя левитское служение, требуются годы. Поэтому они хотят иметь готовых священников, как только в их руках окажется иерусалимский храм. Я упомянул об этом, потому что то же самое касается и нас. Нам нужно учиться быть священниками. Если вы ленивы, равнодушны, живете по плоти, то вас могут выдворить из Царства, потому что вы не осуществляете никакой функции там.

Наконец, последний пункт гласит, что все мы проходим подготовку для перехода на следующий этап Царства, и что верность на этом этапе получит воздаяние повышением на следующем этапе.

Некоторые люди говорят: «Я не стремлюсь к награде». Не думаю, что это искренние слова, потому что если быть честными, то все хотят получить какое-то вознаграждение, а Библия обещает их в избытке. Это не что-то, что мы должны вымогать у Бога. Это то, что Бог Сам намеревается дать нам в благодарность за верное служение.

Давайте вкратце посмотрим на целый ряд мест Писания. Евангелие от Матфея 24:45-47:

> *Кто же верный и благоразумный раб, которого господин его поставил над слугами своими, чтобы давать им пищу во время? Блажен тот раб, которого господин его, пришед найдет поступающим так; истинно говорю вам, что над всем имением своим поставит его.*

Тот, кто верен в своем задании на этом этапе, будет поставлен правителем на следующем этапе. Если вы верны до конца — если Иисус найдет вас верным, когда придет — тогда вас поставят правителем. Евангелие от Матфея 25:20-21, притча о талантах:

> *И подошед получивший пять талантов принес другие пять талантов и говорит: «господин! пять талантов ты дал мне; вот, другие пять талантов я приобрел на них». Господин его сказал ему: «хорошо, добрый и верный раб! в малом ты был верен, над многим тебя поставлю; войди в радость господина твоего».*

Также и со слугой, который на два таланта приобрел еще два таланта. Сегодняшняя верность в использовании своих талантов поднимет вас на высокий уровень правления на следующем этапе Царства.

Но всегда помните о человеке, получившим один талант и ничего не сделавшем с ним — этот человек был выброшен прочь. Позвольте мне сказать людям с одним талантом: *вы находитесь в самой большой опасности*. Люди с пятью и с двумя талантами будут продолжать что-то делать. Но у людей с одним талантом может возникнуть такая мысль: *«У меня не так много, – разве я что-то смогу сделать?»* С таким отношением вы можете потерять всё. Господь сказал, что вам надлежит отдать ваш талант торгующим и получить деньги назад с прибылью. Что означает *«отдать деньги торгующим»*? Я думаю, что это означает вложить его в другое служение, которое приносит результаты. Если у вас нет своего собственного служения, вкладывайте в другое. Только не закапывайте свой талант и не приходите без прибытка, иначе вас выдворят из Царства.

Евангелие от Луки 19:12-27, притча о минах. Как вы помните – а помнить эту притчу очень важно – каждому из десяти своих слуг господин поручил одну меру серебра. Прочитаем стихи 15-19:

> *И когда возвратился, получив царство, велел призвать к себе рабов тех, которым дал серебро, чтобы узнать, кто что приобрел. Пришел первый и сказал: господин! мина твоя принесла десять мин. И сказал ему: хорошо, добрый раб! за то, что ты в малом был верен, возьми в управление десять городов. Пришел второй и сказал: господин! мина твоя принесла пять мин. Сказал и этому: и ты будь над пятью городами.*

Как видите, здесь существует прямая пропорциональность. Приносимое вами на этом этапе, определит меру вашей власти и ваше повышение на следующем этапе. Здесь нет места неясным предположениям, – всё определяется приносимым плодом. Затем, в Евангелии от Луки 22:28-30 Иисус говорит Своим ученикам:

> *Но вы пребыли со Мною в напастях Моих, и Я завещаю вам, как завещал Мне Отец Мой, Царство* (в оригинале: *«Я заключаю с вами завет Царства»*, или *«на основа-*

*нии завета Я обещаю вам Царство»): да
ядите и пиете за трапезою Моею в Царстве
Моем…*

Разве это не захватывает вас? Или вы слишком
духовны и это вас тоже не привлекает? Говорю вам,
что я с нетерпением ожидаю этого пира, и верю, что
мы на самом деле будем там кушать и пить. Мы будем вкушать нетленную пищу, у нас будут нетленные
тела. Это будет настоящий пир и настоящее изоби-
лие.

*…да ядите и пиете за трапезою Моею в
Царстве Моем, и сядете на престолах судить двенадцать колен Израилевых.*

Один апостол для каждого колена. Ваша верность в трудностях, гонениях, смирении — это всё
заслужит вам повышение во славе, чести и власти. И
не говорите мне, что вы не хотите этого… Бог хочет,
чтобы мы этого хотели. Бог мотивирует нас к этому.
Откровение 2:26-28:

*Кто побеждает и соблюдает дела Мои до кон-
ца* (обратите внимание: *«до конца»*) *тому
дам власть над язычниками, и будет пасти
их жезлом железным; как сосуды глиняные,
они сокрушатся, как и Я получил власть от
Отца Моего; и дам ему звезду утреннюю.*

Тому, кто верен, будет дано что? — власть над
народами, чтобы царствовать над ними от имени
Иисуса Христа. Потрясающая власть сокрушать их,
как сокрушаются сосуды горшечника. Иисус сказал:
«Я дам ему утреннюю звезду». Я понимаю это как
определенную уверенность в наших сердцах, что Иисус скоро вернется, — о которой мы будем говорить
дальше.

6. ЦАРСТВО ПРИХОДИТ ТОЛЬКО ЧЕРЕЗ РОЖДЕНИЕ

Есть одно место Писания, к которому мне бы хотелось обратиться в связи с темой реальности Царства Божьего в нашей жизни, − оно говорит об этом более сжато и более полно, чем все остальные. Эти слова являются на самом деле пророческим предвидением следующей фазы Царства во время его утверждения на земле. Но я верю, что те принципы, которые содержатся в этих словах, применимы к Царству и его поданным на каждом этапе развития Царства.

Мы не будем углубляться в контекст происходящего, но речь там идет о том, каким будет Царство, когда оно будет установлено на земле со столицей на Сионе − в Иерусалиме. Итак, откроем Книгу пророка Исаии 33:22:

Ибо Господь — судия наш, Господь — законодатель наш, Господь — царь наш: Он спасет нас.

Пропустим следующий стих и обратимся к 24-му стиху, который говорит о результате:

И ни один из жителей не скажет: «я болен»; народу, живущему там, будут отпущены согрешения.

В Царстве не будет места для греха и болезней. Я постоянно подчеркивал с самого начала нашего изучения, что там, куда приходит Царство Божье, там царство тьмы отступает вместе с делами тьмы, одними из которых являются грех и болезни.

Давайте поближе рассмотрим, что означает подобное заявление. Хочу пригласить вас сделать это небольшое исследование вместе со мной. Мне бы хотелось, чтобы вы поняли, что эти слова подразумевают, прежде чем вы согласитесь принять для себя и исповедать это пророческое обетование. Итак:

1. Господь − наш Судья.
2. Господь − наш Законодатель.
3. Господь − наш Царь.

Интересно, что для американцев такое положение вещей напоминает перечисление трех основных ветвей власти в правительстве США: судебную, законодательную и исполнительную. Но, как вы понимаете, такого разделения власти нет в Царстве. Все три вида власти сосредоточены в руках одной Личности, которая является и Судьей и Законодателем и Царем.

У людей, свыкшихся с демократией, нет ни малейшего представления, какую трансформацию сознания им необходимо пройти, чтобы осознать ситуацию, при которой вся власть всё время находится в руках одного правителя. Однако именно так всё и будет, − и после этого сказано, что *«Он спасет нас»*. Хочу предложить вам определение слова «спасение» − когда вы можете сказать, что эти три пункта исполняются в вашей жизни, то вы находитесь в Божьем спасении. Можете ли вы лично сказать: *«Господь − мой Судья, мой Законодатель и мой Царь, − поэтому я имею спасение!»*?

Давайте поразмышляем над тем, что это подразумевает. Когда я говорю, что Господь является моим Судьей, − это означает, что не я решаю, что правильно, а что нет. Я нахожусь в полном подчинении у Божьего суда. Если Бог говорит о чём-то: это правильно, − значит, это правильно. Если Бог называет что-то злом, − значит, это зло. Он − Судья, а не я. Я принимаю Его суждение в каждой сфере моей жизни. Если Он говорит, что это зло, − в таком случае оно должно уйти из моей жизни. Если Он говорит о чем-то, что это добро − тогда оно должно прийти в мою жизнь. Я не делаю своих собственных суждений о том, что правильно, а что нет; что есть добро, а что − зло. Только Господь имеет право производить суд!

Далее, Господь − мой Законодатель. Истолкую это следующим образом: Господь определяет мой образ жизни. Не вдаваясь в подробности, скажу, что еврейское слово, переведенное как «законодатель», как раз и имеет в виду того, кто вводит установления и определяет образ жизни. Это чрезвычайно важно. Вы не свободны в том, чтобы определять свой собственный образ жизни − его устанавливает Господь. И я решусь сказать с любовью, что если вы действительно говорите о том, что Господь определил ваш образ жизни, то ваш образ жизни должен был измениться радикально. Осмелюсь предположить, что более половины христиан не позволяют Господу устанавливать их образ жизни. Простите меня, если это не так, но я убежден, что большинство западных христиан ведут такой образ жизни, который не отражает Царство Божье или царствование Иисуса.

Однажды это стало очень наглядным для меня, когда я вышел из летнего домика в кемпинге во Флориде, в котором мы иногда отдыхаем. Я вышел из домика и закрыл за собой дверь, и в этот момент Господь проговорил ко мне. Эти слова не были связаны с чем-то, о чём я думал в то время. Господь взял инициативу в Свои руки и вот, как я верю, что Он сказал мне: *«Если ты будешь вести правильный образ жизни, то сможешь всегда быть в хорошей форме».* Я подумал, что это имеет смысл и что действительно смогу достичь этого. Более того, я не могу ожидать здоровья, если веду неправильный образ жизни, − эти вещи несовместимы.

Это многое объясняет. В наших церквях есть люди, которые ведут неправедный, плотской и неблагочестивый образ жизни. И вот эти люди выходят на служениях для молитвы за исцеление. Всё, что они хотят — это прикрыть заплаткой Божьего сверхъестественного благословения дыру в своем здоровье, а после этого вернуться домой и продолжать жить по-старому. Бог не принимает участия в таких играх. В Деяниях 17:30 сказано: *«Оставляя времена неведения* (когда Он закрывал на что-то Свои глаза), *Бог повелевает всем и повсюду* (что сделать?) *покаяться».* Покаяние в нашей жизни имеет две фазы: первоначальное радикальное обращение к Богу (которое имеет определенную календарную дату) и следующий за этим постоянный процесс преобразования (который продолжается всю жизнь). Получив просвещение в данном вопросе от Бога, осознав неправильность своих действий — покайтесь и поменяйте ваш образ жизни. Недостаточно просто сказать, что вы сожалеете об этом, и продолжать делать это дальше. Кто-то сказал, что человек действительно прощен тогда, когда он перестал делать грех!

Что же такое духовный образ жизни? — ответ простой: это праведность, мир и радость. Звучит хорошо, но знаете, к какому простому выводу я пришел? — что есть физическая сфера в нашей жизни. Мы живем в телах, и наши тела являются храмом Святого Духа. Позвольте задать вам вопрос: относитесь ли вы к вашему телу, как к храму Святого Духа? Или вы переживаете о состоянии вашего автомобиля больше, чем о состоянии собственного тела? Осмелюсь предположить, что если бы вы заботились о своей машине так, как заботитесь о своем теле, то она бы очень быстро вышла из строя.

Мне бы хотелось обсудить с вами три очень простых практических стороны жизни, в которых я чему-то научился, пройдя через многие трудности. Желаю вам, чтобы вы научились этому намного раньше, чем вы достигнете преклонного возраста. Из опыта свой жизни могу сказать, что вы можете безнаказанно делать неправильные вещи на протяжении многих лет, но последствия все-таки настигнут вас!

Например, солнечный загар. Вы можете загорать и получать прекрасный бронзовый загар вплоть до зрелого возраста. Но когда вам будет около шестидесяти лет, ваша кожа будет похожа на вычиненную шкуру, и вам будет угрожать рак кожи.

Однажды я пришел к дерматологу, он посмотрел на меня и сказал: *«Вы получили весь объем солнечного света, в котором нуждался ваш организм, еще 25 лет назад».* Я подумал: *«Где я был 25 лет назад?»* – в то время я жил в Восточной Африке, на экваторе. Я понял его замечание, потому что в те дни был настолько бравым, что разгуливал под солнцем без головного убора.

Когда я посетил в Иерусалиме дерматолога, который был ортодоксальным евреем, то он спросил меня: *«Вы много времени проводите на солнце?»* На что я ответил: *«Обычно, да».* Затем он спросил: *«Так Вы – поклонник солнечного загара* (англ. букв. «солнцепоклонник» – *прим. переводчика)?»* Я должен был признать это. Тогда он процитировал мне первую заповедь: «Да не будет у тебя иных богов пред лицем Моим… Не *поклоняйся* им и не служи им». Я должен был кивнуть в знак согласия, потому что это была истина.

Вы можете наблюдать, как огромное множество людей, лежа на пляже, поклоняются солнцу, стремясь получить «хороший» загар. Их больше заботит это, чем праведность. Праведность – это полновременное посвящение Богу – 24 часа в сутки, 7 дней в неделю – спим мы или бодрствуем.

Тремя базовыми составляющими правильного образа жизни являются: правильное питание, физические упражнения и отдых. Я не являюсь экспертом в медицине, но пришел к заключению, что эти три компонента являются основанием здоровья. Они подобны трем ножкам, на которых стоит стол — меньше уже нельзя, потому что стол упадет. Ваше здоровье не удержится, если вы не будете уделять внимание этим трем: правильному питанию, физическим упражнениям и отдыху.

Послушайте, если ваше тело является храмом Святого Духа, то вы не имеете права наполнять его негодной пищей. Если вы делаете это, то вы оскверняете храм. Практически все сегодня знают, что белый сахар разрушает тело. В каком-то смысле вы совершаете самоубийство, когда строите свою жизнь на белом сахаре. На сегодняшний день это уже не теория, а доказанный факт. Надо сказать, что выглядит кощунственно то, что большинство людей на Западе так хотят сбросить лишний вес, в то время как большая часть остального мира испытывает недостаток в питании.

Затем, физические упражнения. Нет другой такой страны как США, где бы я обнаружил столько людей с неравной длиной ног. Знаете, почему? — потому что они никуда не ходят. Однажды мне довелось просмотреть небольшой ролик, в котором это было показано в шутливом виде. Дородного вида мужчина сел автомобиль — чтобы проехать в супермаркет, находящийся в трех шагах от его дома — на эскалаторе поднялся на второй этаж — и вернулся назад тем же путем. И всё это для того, чтобы приобрести книгу об утренней зарядке! Мышцы не могут быть без работы — они не созданы для бездействия, их необходимо регулярно нагружать.

Отдых настолько же важен, как правильное питание и физические упражнения. Полагаю, что это именно та проблема, из-за которой большинство христиан падает. Если вы живете в Иерусалиме, то так или иначе вынуждены соблюдать субботу. Для меня это уже не что-то скучное — это радость иметь один день в неделю, в который я сознательно отказываюсь от всего, что может быть названо работой.

Суббота в Иерусалиме — это нечто уникальное, что невозможно встретить больше нигде, даже в Хайфе или Тель-Авиве. После трех часов дня в пятницу дорожные потоки начинают иссякать, затихают все звуки работы, и затем в определенный момент доносится звук субботней трубы, который слышно по всему городу. Особая тишина опускается на город. Хотя это безмолвие время от времени нарушает шум проезжающего автомобиля — многие люди нерелигиозны и не соблюдают субботу — но, по сути, атмосфера в городе меняется полностью.

Знаете, к какому выводу я пришел? Суббота — это не личное предписание, а общественное. Вы можете попытаться имитировать ее у себя дома, но если люди на улице по-прежнему суетятся и шумят, а ваш сосед стрекочет газонокосилкой, то ваше субботство будет похоже на задуваемый песком крошечный оазис посреди пустыни.

Не думаю, что большинство из нас осознают, насколько далеко мы уклонились от Богом установленного образа жизни. Я не нахожусь под законом и не учу тому, что христиане должны соблюдать субботу или другой особый день недели. Я просто говорю о том, что большинство христиан потеряли само понимание, что такое отдых. Я пришел к выводу, что если отдыхаю один день в неделю, то в оставшиеся шесть дней могу выполнить намного больше дел, чем сделал бы, работая все семь дней в неделю.

Готовы ли вы сказать, что Господь является вашим Законодателем, и Он определяет ваш образ жизни: часы вашей работы, вашу пищу, ваши развлечения? Могу подсказать вам, как вы можете стать намного более духовными. Могу назвать одну простую вещь, которую вам необходимо сделать для этого. Если я скажу вам, то сделаете ли вы это? Это подойдет практически всем. Всё, что вам нужно, это поменять две вещи: время, которое вы проводите перед телевизором, и время, которое вы проводите со своей Библией. Начните уделять Библии столько времени, сколько вы до этого уделяли телевизору. Это всё, что вам надо сделать, чтобы начать быстро расти духовно! С другой стороны, вы не сможете быть водимы Духом, если целыми часами не можете оторваться от этого оболванивающего ящика!

За время служения в освобождении я пришел к выводу, что есть разные виды зависимостей. Одной из последних разновидностей является зависимость от телевизора. Люди бывают настолько же зависимы от телевизора, как от сигарет и алкоголя. А это наносит им такой же вред. Они просто не могут войти в комнату, чтобы не включить телевизор. Это даже не любовь, а навязчивое пристрастие. Телевизор высасывает их мозги, в то время как они превращаются в пассивных наблюдателей жизни, потому что привыкают рассматривать всё на цветном экране, стоящем перед ними, при этом, не делая ничего.

Давайте возьмем третий пункт: Господь — мой Царь. Знаете ли вы, что это означает? — Бог дает мне указания. Он говорит мне, куда мне идти, что делать, как действовать. Я не принимаю свои собственные решения. Приведу вам простой пример: если Господь является вашим Царем и говорит вам жить в Москве, то вы не сможете быть праведными в Санкт-Петербурге, как бы вы ни старались. Вы можете соблюдать все правила, каждое воскресенье посещать церковь, давать десятину, но вы не будете праведным. Кто вы такой, если не слушаете повелений Господних? — вы бунтарь! Вы понимаете?

Лично я все боле склоняюсь к такому мнению, что если Бог сможет найти собрание людей, где Он реально является их Судьей, Законодателем и Царем, то в этом собрании не будет болезней. Человек, который находится там, не сможет сказать: *«я болен»*.

Позвольте бросить вам вызов: сможете ли вы произнести эти утверждения в качестве вашей благочестивой цели? в качестве того, что вы хотите увидеть в вашей жизни? Затем, исповедовав (провозгласив) это, давайте предоставим Господу претворить это в наших жизнях. Этого нет в жизни многих из вас, но оно может стать истиной — скажем, через два года — если вы поработаете над этим. Тогда по истечении этого срока большинство из вас может стать другими людьми. Верите ли вы, что можете стать другими? Если вы в это не верите, тогда все попытки помочь вам будут тщетны.

Вы получили понимание: Господь — Судья, Законодатель и Царь. Давайте произнесем это в вере, в смиренном подчинении господству Иисуса. Это должно быть так же, как вы произносите клятву в зале суда: вы поднимаете руку, подтверждая, что вы посвящаете себя на это:

Господь — наш Судья!
Господь — наш Законодатель!
Господь — наш Царь!
Произнесите это еще раз от первого лица:
Господь — мой Судья!
Господь — мой Законодатель!
Господь — мой Царь!

Предпочтительнее сделать коллективное посвящение — в таком случае лучше вырабатывать ему верность. Почему бы вам совместно ни принять эти истины, вместе провозглашая Слово Божье? Вы делаете общее посвящение и если видите брата, который выпивает три бутылки «Кока-Колы», то напоминаете ему, что Господь — его Законодатель.

Теперь давайте обратимся к будущему — к тому,

что еще не исполнилось. Рассмотрим ряд пророческих мест Писания, чтобы иметь общее представление о том, что нас ждет впереди. Но прежде мне бы хотелось подчеркнуть огромную важность понимания Божьих планов на будущее. Речь идет о безусловных Божьих планах, и Он ожидает от нас осмысленного разумения того, что Им запланировано. В Библии Он дал достаточно материала для того, чтобы мы понимали Его планы.

Явно, что некоторые будущие события мы не понимаем до конца и о многом христиане спорят. Например, будет ли восхищение Церкви перед, во время или после Великой скорби. Я даже не собираюсь дискуссировать на эту тему. Однако в то же самое время есть много истин, которые очевидны. Давайте сосредоточим свое внимание на ясных, неоспоримых фактах и оставим неизвестное таким, какое оно есть. Существуют вещи, — и их не так уж и много — которые мы сможем понять только после того, как они произойдут. Вместе с тем есть то, что ясно предсказано и показано нам.

Для начала давайте обратимся к принципу, который изложен в Евангелии от Иоанна 15:15, где Иисус говорит Своим ученикам:

Я уже не называю вас рабами, ибо раб не знает, что делает господин его; но Я назвал вас друзьями, потому что сказал вам все, что слышал от Отца Моего.

Если вы не знаете, что собирается сделать Бог, а только повинуетесь указаниям, то вы только лишь раб. Но если вы верно подчинялись Его указаниям, то Он повышает ваш уровень отношений с Ним до дружеских. Когда вы становитесь другом Господа, то Он делится с вами Своими желаниями, целями и планами. Поэтому, я думаю, что мы должны стремиться быть удостоены звания друзей, а не быть просто рабами (т.е. оставаясь слугами и рабами Царя, удостоится звания Его друзей – *прим. ред.*).

Далее, во Втором послании Петра изложены важные принципы, которые нам необходимо понимать. Думаю, что есть две крайности в отношении пророчеств в церкви. Одна крайность представлена людьми, которые просто поглощены изысканиями пророчеств, – такие люди могут, например, уверять вас, что знают даже о том, кто будет мэром Чикаго во время Великой скорби и т.д. Представители другой крайности отвергают вообще всё, что касается пророчеств, как излишнюю нелепость. Каждая из крайностей является заблуждением. Библейское отношение имеет здравый баланс.

Апостол Петр в своем Втором послании призывает нас ревностно исследовать Библейские пророчества. Этот призыв подкрепляется тем фактом, что Новый Завет свидетельствует о большом количестве точно исполнившихся пророчеств Ветхого Завета. Это является гарантией, что те пророчества, которые еще не исполнились, точно так же найдут свое осуществление.

Некоторые люди спрашивают о том, верю ли я в буквальное исполнение этих пророчеств. По причине моего философско-лингвистического образования я возражаю против фразы «буквальное исполнение», потому что она предполагает, что есть другие способы исполнения. Это похоже на то, если бы я спросил вас: *«Вы женаты буквально?»* Что такая фраза подразумевает? Разве есть другие способы быть женатым? Такая постановка вопроса неуместна. Представьте, что вы спрашиваете какого-то бизнесмена, платит ли он налоги буквально. Что это значит? – что есть окольные пути, которые обходят уплату налогов. Это неправильное употребление слова *«буквально»*.

Вы можете обнаружить это, подойдя с другой стороны. Какое слово противоположно по значению слову «буквальный»? – это «образный» или «символический». Я не верю в образное исполнение пророчеств. Я верю, что все пророчества исполнятся реально, − точно также как те, которые исполнились в Новом Завете.

В Евангелии можно насчитать 18 утверждений о жизни Иисуса, которые содержат такие слова: «чтобы исполнилось написанное». Каждое из них относится к какому-нибудь пророчеству Ветхого Завета. Каждое пророчество исполнилось именно так, как оно было написано, а не символически.

Иисус был рожден действительной девой (девственницей), а не «духовной». Иисус был рожден в реальном городе, который на самом деле назывался Вифлеемом (т.е. «Дом Хлеба») − это было реальное место, а не аллегорический Дом Хлеба. Он был вызван ангелом из настоящего, а не из «духовного» Египта. Он по-настоящему дружил с человеком, который позднее предал Его. Когда Его распяли, то реальные солдаты действительно делили Его одежду и бросали о ней жребий. Когда Он жаждал на кресте, Ему подали самый настоящий уксус. Его руки, ноги и бок были действительно физически пронзены. Все пророчества, которые сбылись в Новом Завете, исполнились действительно, а не образно. Почему же оставшиеся пророчества должны исполняться образно? − у нас нет никаких оснований ожидать этого.

Итак, во Втором послании Петра 1:16-19 сказано о пришествии (греч. «парусия») Господа Иисуса Христа:

Ибо мы возвестили вам силу и пришествие Господа нашего Иисуса Христа, не хитросплетенным басням последуя, но бывши очевидцами Его величия.

Петр говорит о том, что это не было простой фантазией или записью каких-то выдуманных историй − они имели личное свидетельство тому, что произойдет.

*Ибо Он принял от Бога Отца честь и славу,
когда от велелепной славы принесся к Нему
такой глас: «Сей есть Сын Мой Возлюблен-
ный, в Котором Мое благоволение». И этот
глас, принесшийся с небес, мы слышали, будучи с Ним на святой горе* (горе Преображе-
ния).

Петр говорит о том, что они не просто представили себе Его пришествие в необыкновенной славе, но
они видели Его славу: Его лицо сияло, как солнце;
Его одеяния были, как свет; ученики слышали голос
Бога-Отца; они видели сверхъестественное облако,
которое окутало их. Всё это было на самом деле.
Другими словами Петр говорит: *«Если вы верите
мне, как свидетелю того, что было – то вот, что
произойдет, когда Он вернется назад».* Однако после этого он продолжает, и я хочу обратить ваше
внимание на эти слова:

*И притом мы имеем вернейшее пророческое
слово...*

В другом переводе это выражено так: *«у нас есть
пророческое слово, которое стало лишь только надежней».* Почему оно стало только надежней? – оно
было подтверждено своим исполнением в Новом Завете.

Теперь мы имеем крепкое Библейское основание для того, чтобы понимать как будут исполняться
оставшиеся пророчества в будущем. Нет никаких оснований предполагать, что со времени написания Нового Завета и до кончины века произойдут какие-ни-
будь изменения в том, как исполняются пророчества.

*...и вы хорошо делаете, что обращаетесь к
нему, как к светильнику, сияющему в тем-
ном месте, доколе не начнет рассветать
день и не взойдет утренняя звезда в сердцах
ваших...*

Всякий раз, читая эти слова, я прихожу в восхищение от их красоты. Петр говорит, что если вы будете внимательно вникать в пророческие Писания, которые еще не исполнились, — если вы будете читать их и размышлять над ними, и попросите Бога сделать их реальными для вас, то внутри вас будет что-то происходить, — в сердцах ваших будет восходить утренняя звезда.

Когда я служил в Британской армии в Северной Африке, то на протяжении целых двух лет мы жили в голой пустыне, посреди песков. Мы были лишены многих удобств, и у нас не было электричества, — поэтому мы ложились спать с заходом солнца, и вставали с рассветом. Находясь в таких условиях, я узнал об одной вещи, о которой никогда бы не узнал в других условиях. В определенное время года перед самым восходом солнца восточный небосклон становится сияющим. Вы думаете, что сейчас встанет солнце, — но этого не происходит. Это сияет утренняя звезда (которая в другое время года становится вечерней звездой). Она сияет так ярко, что вы принимаете ее сияние за солнечный свет. Затем вы видите, что это восходит всего лишь звезда. Однако в тот момент, когда она взошла, вы можете быть уверены, что следующим взойдет именно солнце.

Таким образом, Петр говорит, что если вы будете внимательны к пророческому слову, то в ваших сердцах взойдет утренняя звезда. Что это означает? — вы приобретете уверенное ожидание возвращения Господа. Это будет не просто учением, которое вы услышали в церкви, или теорией, о которой вы прочитали в книге. Вы будете жить с прекрасным предвкушением возвращения Господа. Образ жизни людей, живущих с таким предвкушением и внутренним сиянием, отличается от образа жизни других.

Осмелюсь утверждать, что самой сильной мотивацией к святой жизни, предложенной в Новом Завете, является ожидание или предвкушение скорого возвращения Господа. Можете прочитать и проверить. Осмелюсь утверждать, где люди не находятся в постоянном ожидании возвращения Господа, там стандарты святости будут ниже тех, которые устанавливает Новый Завет.

Итак, мы получили увещевание внимательно исследовать пророческое слово. Мы не имеем права не обращать внимания на него, отмахиваться от него, пожимать плечами или высмеивать людей, которые ошибочно истолковывают его.

Теперь давайте рассмотрим несколько пророческих утверждений о том, что ждет нас впереди. Первое место Писания — это первые строки молитвы «Отче наш». Она начинается с тех слов, с которыми мы приближаемся к Богу: «*Отче наш, Сущий на небесах, да святится имя Твое...*» Затем мы переходим к первому прошению: «*...да приидет Царствие Твое, да будет воля Твоя на земле...*» Куда приходит Царство? — на землю.

Как вы думаете, учил бы Иисус молиться такой молитвой, которая никогда не получит ответ? Лично я так не думаю. Сам факт, что Бог наставляет нас молиться о чем-то, свидетельствует о том, что Он Сам желает, чтобы это произошло. Каждый раз, когда вы произносите молитву «Отче наш», осознаете вы это или нет, вы молитесь о пришествии Царства Божьего на землю. Если вы не верите, что это произойдет, то не молитесь этой молитвой, иначе вы будете лицемерами. Кто-то сказал, что молиться ложно (необдуманно, не имея в виду то, о чём ты молишься), это такой же грех, как обман.

Далее, что произойдет, когда Царство придет на землю? Не будем останавливаться на этом подробно, просто перечислим события. Во-первых, тогда будет восстановлено Царство Израилю. Это событие находится в фокусе пришествия Царства Божьего на землю. Давайте посмотрим на два места Писания, одно из которых мы уже упоминали. Вы помните о том, что ученики спрашивали Иисуса о восстановлении Царства Израилю в Книге Деяния 1:6-8:

Посему они, сошедшись, спрашивали Его, говоря: не в сие ли время, Господи, восстановляешь Ты царство Израилю? Он же сказал им: не ваше дело знать времена или сроки, которые Отец положил в Своей власти...

Он не говорил о том, что этого не случится. Осмелюсь предположить, что если бы Иисус знал, что Царство Израилю никогда не будет восстановлено, то Он был бы достаточно честен, чтобы сказать им, что они заблуждаются и этого никогда не произойдет. Напротив, Он косвенно подтвердил, что это произойдет, сказав, что не нам знать, когда это произойдет. Что-то еще должно произойти перед этим. Что же?

...но вы примете силу, когда сойдет на вас Дух Святый, и будете Мне свидетелями в Иерусалиме и во всей Иудее и Самарии и даже до края земли.

Другими словами, как уже было сказано, Царство должно быть предложено каждому народу, прежде чем оно будет восстановлено Израилю. Когда Царство будет предложено всем народам, тогда оно будет восстановлено и Израилю. Римлянам 11:25-27:

Ибо не хочу оставить вас, братия, в неведении о тайне сей...

Это тайна, которую хранил Бог, но теперь она открыта. Полагаю, что есть, по крайней мере, полдюжины мест, где Павел говорит: *«разве вы не знаете...»* и *«неужели не знаете...»* По моим наблюдениям, практически в каждом из таких случаев, большинство христиан и сегодня остаются незнающими то, о чём говорит Павел.

...чтобы вы не мечтали о себе...

Чтобы вы не стали самодовольными, чтобы вы не думали, что всё начинается с вас и заканчивается вами, потому что это не так. Всё началось с Израиля и всё закончится Израилем. Мы, язычники, имеем особую привилегию подключиться по ходу действия. И горе нам, если мы станем высокомерными по отношению к Израилю.

Таким образом, здесь дается предостережение, в котором Церковь отчаянно нуждалась на протяжении многих веков. Если бы Римско-католическая церковь обращала внимание на это место Писания, то сегодня она была бы абсолютно другой. О какой же тайне идет речь?

...что ожесточение произошло в Израиле отчасти, до времени, пока войдет полное число язычников...

Обратите внимание, что ожесточение произошло только отчасти. Никогда не было такого, чтобы весь Израиль ожесточился — в каждом поколении евреев всегда были верующие в Иисуса. И ожесточение будет только до определенного времени — пока войдет полное число язычников. Как оно сможет войти? — очевидно, что через наше послушание заповеди Иисуса идти и делать учеников из всех народов, провозглашая Евангелие Царства всему творению, провозглашая Благую Весть Царства всем народам. Это время не наступит до тех пор, пока мы не выполним это поручение, потому что Богу угодно спасать людей безумием (англ. «глупостью» — *прим. переводчика*) проповеди. Кто должен это проповедовать? Бог мог сделать иначе, но из множества других способов, Он предопределил именно этот путь к спасению — через безумство проповеди. Кто должен проповедовать безумную проповедь? — мы с вами!

Что произойдет после того, как войдет полное число язычников? Стихи 26-27:

...и так весь Израиль спасется...

Весь еврейский народ будет восстановлен в благоволении Божьем благодаря признанию Иисуса своим Мессией. Израиль является единственным народом, которому Библия в конечном итоге гарантирует полное спасение.

> *...как написано* (Павел цитирует Ветхий Завет): *«приидет от Сиона Избавитель и отвратит нечестие от Иакова; и сей завет им от Меня, когда сниму с них грехи их».*

Как видите, план очень ясный. Все язычники должны получить приглашение в Царство, и они либо примут его, либо отвергнут. И когда это произойдет, тогда Израилю будет восстановлено Царство — это Божья программа.

Вы можете спросить: почему Бог делает это таким образом? Почему бы вам не задать этот вопрос Самому Богу? Я знаю, что это Божья программа, и мне этого достаточно. Есть несколько пунктов в Его программе, которые я нахожу странными. Когда вы имеете дело с евреями, то помните о том, что Бог ослепил их разум (2 Кор. 3:14). Вы должны знать, как следует относиться к этому. Пока действует эта слепота, вы можете призывать их отдать свое сердце Иисусу, пока вам не надоест — это ничего не изменит.

Когда вы общаетесь с евреем, то вы имеете дело с другого рода человеком. Если вы не призваны для того, чтобы проповедовать им, то просто молитесь о них. Но если вы получили призвание иметь дело с ними, то вы должны научиться некоторым принципам, которые вы не вынесете из общения с китайцами, русскими, американцами или любыми другими народами.

Итак, мы пришли к утверждению, что Царство будет восстановлено Израилю. Теперь перейдем к другому отрывку, который содержит похожее утверждение. Книга пророка Михея 4:1-2 цитирует слова, которые записаны во 2-й главе Книги пророка Исаии и других местах Писания:

И будет в последние дни (это кончина века)*: гора Дома Господня поставлена будет во главу гор и возвысится над холмами, и потекут к ней народы.*

Опираясь на другие места Писания, я верю, что там будет огромной силы землетрясение, в результате чего святая возвышенность поднимется выше окружающих гор, – чего на сегодняшний день нет.

И пойдут многие народы и скажут: «придите, и взойдем на гору Господню и в дом Бога Иаковлева, – и Он научит нас путям Своим, и будем ходить по стезям Его; ибо от Сиона выйдет закон и слово Господне – из Иерусалима.

Иерусалим будет центром правления и поклонения для всей земли. Из Иерусалима будет исходить учение для всех народов, и все народы придут в Иерусалим для поклонения. Далее, несмотря на то, что используется пророческий язык, здесь есть одно ясное утверждение – Михея 4:6-8:

В тот день, говорит Господь, соберу хромлющее (практически всегда – за редким исключением – эта фраза используется в связи с последним временем) *и совокуплю разогнанное и тех, на кого Я навел бедствие.*

Господь соберет вместе рассеянный бедный и хромлющий Израиль. Здесь дана очень наглядная картина того, как это произойдет.

И сделаю хромлющее остатком и далеко рассеянное сильным народом, и Господь будет царствовать над ними на горе Сионе отныне и до века.

Это ясное предсказание об утверждении Царства Господа со столицей на Сионе.

А ты, башня стада, холм дщери Сиона! к тебе придет и возвратится прежнее владычество...

Царство, которое они когда-то имели, вернется к ним, − Царство дочери Иерусалима. Это ясное и конкретное предсказание о том, что Израилю будет восстановлено Царство.

Однако для восстановления любого царства есть только один способ. Вы знаете, что без царя не может быть царства − это основной принцип всякого царства. Для того чтобы Царство Израилю было восстановлено, должен возвратиться и быть признан его Царь. Евангелие от Матфея 25:31:

Когда же приидет Сын Человеческий во славе Своей...

Обратите внимание, что Он придет в Своей славе. Не бьется ли чаще ваше сердце? − а должно бы...

...и все святые Ангелы с Ним...

В 9-й главе Евангелия от Луки говорится о том, что Иисус придет в Своей славе, славе Отца и славе святых ангелов (Луки 9:26), − подумайте об этой невероятной тройной славе. Не удивительно, что «*солнце устыдится и луна покраснеет*» (Исаия 24:23).

...тогда сядет на престоле славы Своей...

Кем Он будет, когда воссядет на Престоле? − Царем! Когда Господь придет, то Он взойдет на Престол Своего Царства. Тогда Он воссядет не на небесном Престоле, но на земном Царском Троне.

Теперь давайте рассмотрим принцип, который очень интересен и имеет много сфер применения. Через всю Библию, в том числе и через Новый Завет, красной нитью проходит утверждение о том, что вхождение в Царство Божье возможно только через рождение.

Не родившись в Царстве, вы не можете попасть в него. Рождению предшествуют родовые муки − это мучительный процесс. Я — мужчина, поэтому у меня нет такого опыта, но у меня есть информация из надежных источников. Касается ли это отдельной личности или народа Израиля, или всех народов, или даже всего творения — Царство приходит только через рождение. Полагаю, что понимание этого принципа и того, через что предстоит пройти ради рождения Царства — это несколько волнует вас. Давайте сначала посмотрим на то, как попадают в Царство отдельные личности. Иоанна 3:3-6:

> *Иисус сказал ему в ответ: истинно, истинно говорю тебе: если кто не родится свыше, не может увидеть Царствия Божия. Никодим говорит Ему: как может человек родиться, будучи стар? неужели может он в другой раз войти в утробу матери своей и родиться? Иисус отвечал: истинно, истинно говорю тебе: если кто не родится от воды и Духа, не может войти в Царствие Божие: рожденное от плоти есть плоть, а рожденное от Духа есть дух.*

Никто не может попасть в Царство другим путем, кроме как через рождение. Вы не попадете в Царство благодаря тому, что будете религиозным, присоединитесь к церкви, или произнесете какие-либо молитвы. В Царство Божье вы должны родиться.

Почему должно произойти новое рождение? — Потому что должно произойти полное отделение от всего вашего прошлого. Библия называет это покаянием. Точно так же, как младенец покидает утробу, он освобождается из нее и пуповина отсекается, так же и в Царство входят, оставляя всё благодаря процессу подобному рождению.

Многие люди посещают евангелизационные собрания и служения, на которых они «принимают спасение», но так и не рождаются свыше. Они не оставляют старое и поэтому не входят в новое.

рождение — это не просто слова, во многих случаях это буквально агония. Однако результаты этого настолько прекрасные, что, по словам Иисуса, когда заканчиваются родовые муки, то мать забывает их по причине радости, что новый человек родился в мир (Иоан. 16:21).

Давайте посмотрим на второй пример рождения — на Израиль. В Книге пророка Иеремии 30:2-9 находится предсказание о том, что произойдет, когда Израиль будет восстановлен на своей земле:

> *...так говорит Господь, Бог Израилев: напиши себе все слова, которые Я говорил тебе, в книгу. Ибо вот, наступают дни, говорит Господь, когда Я возвращу из плена народ Мой, Израиля и Иуду, говорит Господь; и приведу их опять в ту землю, которую дал отцам их, и они будут владеть ею.*

Любой, кто имеет хоть какое-то представление о Библии, понимает, что только одна территория соответствует этому описанию. Есть только один участок земли, который Бог отдал праотцам Израиля, — это небольшая полоска земли на восточном побережье Средиземного моря.

Затем Бог продолжает описывать то, что произойдет, когда Израиль вернется в эту землю. Бог говорит, что они не должны ожидать мира, потому что их возвращению будет сильное противостояние. Некоторые христиане считают, что если бы это Бог привел Израиль назад в их землю, то это произошло бы в мире. Такие люди просто не знают того, о чём говорит Библия. Писание говорит прямо противоположное. Иеремия 30:4-7:

> *И вот — те слова, которые сказал Господь об Израиле и Иуде. Так сказал Господь: голос смятения и ужаса слышим мы, а не мира. Спросите и рассудите: рождает ли мужчина? Почему же Я вижу у каждого мужчины*

руки на чреслах его, как у женщины в родах, и лица у всех бледные? О, горе! велик тот день, не было подобного ему; это — бедственное время для Иакова, но он будет спасен от него.

Что описано здесь? Процесс мучительного рождения, настолько болезненного, что каждый мужчина ведет себя так, как рождающая женщина. Иеремия 30:8-9:

И будет в тот день, говорит Господь Саваоф: сокрушу ярмо его, которое на вые твоей, и узы твои разорву; и не будут уже служить чужеземцам, но будут служить Господу, Богу своему, и Давиду, царю своему, которого Я восстановлю им.

Что произойдет в результате этого процесса рождения? – Царство! Это предельно ясно.

Теперь давайте посмотрим на все остальные народы. В 24-й главе Евангелия от Матфея говорится о пришествии Царства не одному Израилю, но и всем народам. Исследовав это, приходишь к тому же выводу, – рождение Царства Божьего не будет безболезненным. Должен сказать, что эти слова очень актуальны, они не говорят о чём-то, относящемся к отдаленному будущему, – они по праву могли бы занять место свежих новостей в утренних газетах.

В Евангелии от Матфея 24:3 Иисусу был задан вопрос:

...какой признак Твоего пришествия и кончины века?

Начиная с седьмого стиха, Иисус приводит различные знамения конца времен. Стих 7 – великие международные войны, голод, эпидемии, землетрясения. Стих 9 – бедствия и гонения на христиан. Стих 10 – преткновение многих христиан, предательство друг друга христианами. Стих 11– множество лжепророков. Стих 12 — необычайный рост беззакония и, вместе с тем, уменьшение любви между христианами. Но после этого Евангелие Царства будет проповедано по всему миру всем народам.

Обратите внимание, что проповедь Евангелия Царства не будет происходить во время мира, когда всё идет хорошо. Чем труднее будет становиться, тем больше будет провозглашаться Евангелие, и только решительные люди смогут проповедовать его. Затем Иисус продолжает в 21-м и 22-м стихах:

...ибо тогда будет великая скорбь, какой не было от начала мира доныне, и не будет. И если бы не сократились те дни, то не спаслась бы никакая плоть; но ради избранных сократятся те дни.

Это Великая скорбь для всех народов. 30-я глава Книги пророка Иеремии говорит о Великой скорби для Израиля. Библия утверждает, что скорбь и теснота будет на всякую душу, — сначала иудея, а затем и язычника (Римл. 2:9). Далее в Евангелии от Матфея 24:29-30 мы читаем:

И вдруг, после скорби дней тех, солнце померкнет, и луна не даст света своего, и звезды спадут с неба, и силы небесные поколеблются; тогда явится знамение Сына Человеческого на небе; и тогда восплачутся все племена земные и увидят Сына Человеческого, грядущего на облаках небесных с силою и славою великою...

Что это? Иисус говорит в 8-м стихе, что это начало родовых схваток. Мы прочитали описание родовых болей нового века. Когда новый век будет рожден? — когда Царь вернется и установит Свое Царство. Но Царство появится только через рождение и никак иначе, к чему бы это не относилось — лично к кому-то, к Израилю, ко всем народам или всему творению. Этот принцип постоянно подтверждается в Новом Завете. Вот место Писания, которое говорит само за себя, − Послание к Римлянам 8:19-23:

Ибо тварь с надеждою ожидает откровения сынов Божиих, − потому что тварь покорилась суете не добровольно, но по воле покорившего ее, − в надежде...

Те из вас, кто знаком с законами физики, знают, что второй закон термодинамики (закон энтропии) гласит о том, что в закрытой системе всё становится менее организованным, менее эффективным, всё меньше остается силы для полезной деятельности − всё идет к упадку. Это научное описание того, о чем апостол Павел говорит в Послании к Римлянам 8:20. Творение подверглось процессу суеты, тления, утраты порядка − «*не добровольно, но по воле покорившего, − в надежде...*» Стих 21:

...что и сама тварь освобождена будет от рабства тлению в свободу славы детей Божиих.

Это освобождение является рождением. Теперь послушайте:

Ибо знаем, что вся тварь совокупно стенает и мучится доныне; и не только она, но и мы сами, имея начаток Духа, и мы в себе стенаем, ожидая усыновления, искупления тела нашего.

Какая наглядная картина! Все творение находится в родовых муках ради рождения нового века. И те, которые имеют Святой Дух, должны быть в согласии с творением. Мы должны разделять родовые муки творения.

Принцип, который я хочу показать, и который является необычайно важным, заключается в том, что бы это ни было, кто бы это ни был − нет другого пути в Царство, кроме как через рождение. Рождение − это процесс усиленного продвижения из прежнего состояния во что-то новое, который может быть крайне болезненным. Как для Израиля, так и для всех народов этот процесс назван скорбью. Мир не наступит благодаря переговорам или Организации Объединенных Наций. Он придет через рождение, которое принесет новое мироустройство.

7. ЛИШЬ ЦАРСТВО БОГА НЕПОКОЛЕБИМО

В предыдущей главе мы преступили к исследованию Библейского пророческого описания перехода от нынешнего внутреннего (чисто духовного) состояния Царства к ответу на молитву *«Отче наш»* (молиться которой учил наш Господь): *«Да приидет Царствие Твое; да будет [исполняться] воля Твоя на земле, как на небе»* — к явному и полному установлению Царства Божьего на земле. Осознаете вы или нет, но всякий раз, когда вы молитесь молитвой *«Отче наш»*, вы просите именно об этом. Как уже было сказано выше, если вы не верите, что это произойдет, то вам следует перестать молиться такой молитвой, — поскольку прося об этом, но, не веря в это, тем самым вы становитесь лицемерами.

Мы закончили прошлую главу той мыслью, что вхождение в Царство Божье всегда лежит через рождение. Нет другого способа попасть в Царство. Иисус сказал Никодиму: *«Если не родишься свыше, то не сможешь ни увидеть Царства Божьего, ни войти в него».* Полагаю, нам всем известно как эта истина применима к отдельным людям. Однако мы с вами говорили о том, что это ясно сказано в отношении всего Израиля (как народа), в отношении ко всем народам, и даже ко всему творению. Павел говорит в Послании Римлянам 8:22 (Современный перевод): *«Мы знаем, что всё творение до сих пор стонет и мучится».* В Царство Божье можно войти не иначе, как через рождение. Не через запись своего имени в список, не через обряд, не через членство, даже не через поднятие руки и выход вперед для молитвы — только та молитва покаяния имеет значение, которая сопровождается рождением свыше и решением приложить все усилия в восхищении Царства. Я убежден, что рождение — это всегда болезненный и нелегкий процесс. Бог не собирается что-то прихорашивать или приводить в благопристойный вид, Его цель — рождение нового.

Следующее, что необходимо сказать: по мере приближения этого века к своему завершению, добро и зло будет достигать своего пика. И эти два процесса будут происходить одновременно. Как добро достигнет своего полного развития, так и зло. Описание и подтверждение этого мы находим во многих местах Писания. Давайте вспомним притчу Иисуса о пшенице и плевелах, записанную в 13 главе Евангелия от Матфея. Надеюсь, вы помните основной смысл этой притчи. Один человек посеял пшеницу на поле, а потом оказалось, что на поле выросли плевелы, и его слуга сказал: *«Откуда здесь взялись плевелы?»* И его господин сказал, что это сделал враг. Давайте прочитаем конец этой притчи — Матфея 13:28-30:

> *Он же сказал им: враг человека сделал это. А рабы сказали ему: хочешь ли, мы пойдем, выберем их* (сорняки, бурьян, бесполезные растения)*? Но он сказал: нет, — чтобы, выбирая плевелы, вы не выдергали вместе с ними пшеницы, оставьте расти вместе то и другое до жатвы; и во время жатвы я скажу жнецам: соберите прежде плевелы и свяжите их в связки, чтобы сжечь их, а пшеницу уберите в житницу мою.*

Поэтому и пшеница, и плевелы должны созревать вместе до жатвы. Бог не собирается вырывать плевелы до тех пор, пока не настанет жатва. Иисус очень ясно сказал, что жатва – это кончина века.

Давайте перейдем к истолкованию этой притчи в той же самой главе, стихи 37-43:

Он же сказал им в ответ: сеющий доброе семя есть Сын Человеческий; поле есть мир (давайте не будем забывать, что поле – это мир); доброе семя, это сыны Царствия, а плевелы – сыны лукавого; враг, посеявший их, есть диавол; жатва есть кончина века, а жнецы суть Ангелы. Посему как собирают плевелы и огнем сжигают, так будет при кончине века сего: пошлет Сын Человеческий Ангелов Своих, и соберут из Царства Его все соблазны и делающих беззаконие...

Заметьте, что здесь речь идет об установлении Царства.

...и ввергнут их в печь огненную; там будет плач и скрежет зубов; тогда праведники воссияют, как солнце, в Царстве Отца их.

Здесь говорится об утверждении Царства. И пока Царство Божье не будет установлено, пшеница и плевелы, добро и зло будут созревать вместе.

Возможно, следующий пример поможет вам понять это лучше. Для успешного созревания, как пшеницы, так и плевел необходимы одни и те же климатические условия. Именно это и происходит сейчас по всему миру. Грех и нечестие человечества развиваются небывалыми темпами. Если бы мне, когда я был молод, кто-то описал, каким будет к концу XX века так называемый западный *«христианский мир»*, я бы не смог поверить этому. Выглядит так, что плевелы спеют быстрее пшеницы. Мы наблюдаем вопиющее неприкрытое беззаконие, сознательное практикование сатанинских культов, преднамеренное отвержение всего наследия иудео-христианской морали. Что это? – это созревающие плевелы. И это будет только еще больше усиливаться вплоть до самой кончины века. Но то же самое будет происходить и с пшеницей.

Задайте себе вопрос: А к какой категории отношусь я? Становлюсь ли я благочестивее и ближе к Богу, или постепенно всё больше понижаю свои моральные стандарты? В какую сторону направлен мой путь? Лучше примите решение сразу. Есть только два варианта — вы будете либо пшеницей, либо плевелами. Пшеница познается по плоду, который она, в конечном итоге, приносит.

Давайте посмотрим, где об этом сказано в Писании. Приходится встречать людей, которые говорят и думают, что мы постепенно захватим власть над этим миром для Христа. Братья и сестры, эта теория не находит обоснованного подтверждения в Писании. Наоборот, множество стихов говорит прямо противоположное. Не хочу быть негативным: я верю, что мы совершим великое для Бога и повлияем на всю эту землю, но мы не захватим мир. Есть только Одна Личность, которая воцарится над всей землей, и это Иисус. Книга пророка Исаии 60:1-3:

Восстань, светись, ибо пришел свет твой…

Это обращение к Сиону, к Божьему народу.

…и слава Господня взошла над тобою. Ибо вот, тьма покроет землю, и мрак — народы; а над тобою воссияет Господь, и слава Его явится над тобою.

Итак, тьма еще более сгустится, а свет станет еще ярче. Посреди этой тьмы Божий народ воссияет Его светом и Его славой. И привлечет этим многих, потому что сказано:

И придут народы к свету твоему, и цари — к восходящему над тобою сиянию.

Давайте откроем 2-е Тимофею 3:1-5. Мне нравится то, как начинается этот отрывок:

Знай же...

Т.е. даже не сомневайтесь. Просто примите это как факт.

Знай же, что в последние дни...

Может быть что-то позже, чем последние дни? и можете ли вы миновать их? Итак, вот они — вы можете наблюдать их.

...в последние дни наступят времена тяжкие. Ибо люди будут самолюбивы, сребролюбивы, горды, надменны, злоречивы, родителям непокорны, неблагодарны, нечестивы, недружелюбны, непримирительны, клеветники, невоздержны, жестоки, не любящие добра, предатели, наглы, напыщенны, более сластолюбивы, нежели боголюбивы...

Вы можете на досуге прочитать этот список и задаться вопросом, насколько точно он характеризует современную культуру. Здесь перечислено 18 моральных и нравственных пороков, и интересен тот факт, с чего начинается и чем оканчивается этот список. Он начинается с любви к себе (самолюбие) и к деньгам (сребролюбие) и заканчивается любовью к удовольствиям (сластолюбием). Если бы вы спросили меня, какие три характеристики лучше всего описывают культуру наших дней, то я не нашел бы лучшего описания, чем эти три: 1) любовь к себе, 2) любовь к деньгам и 3) любовь к удовольствиям.

Видите ли, я верю, что процесс разложения имеет необратимый характер — это истинно как в естественном, так и в духовном плане. Как только начинается процесс гниения (скажем, в каком-нибудь фруктовом плоде), вы не сможете остановить его. Вы можете (если он еще не начался) попытаться предотвратить его или (если он уже начался) растянуть его по времени, но если процесс гниения уже пошел, то вы не сможете остановить и обратить его назад. Начавшееся гниение будет продолжаться. Полагаю это можно отнести к духовной и моральной сфере, — процесс морального разложения необратим. Ключевое слово, которое описывает грешную, падшую натуру человека — она *тленная* (букв. «*гниющая*») — это определяющее понятие. И процесс тления невозможно обратить вспять, он возьмет свое. Поэтому и Бог не пытается повернуть его назад. Божье решение — это *новое творение*. Старое прошло, и наступило новое. Но там, где нет нового творения, где люди отвергают новое творение, там процесс разрушения будет продолжаться и достигать пика своего развития, — полноты созревание плевел.

Глядя на этот список вы можете сказать: «*Ну, конечно же, это говорится о нечестивых людях, о людях этого мира, о грешниках*». Но посмотрите, о ком говорит следующий стих:

Имеющиеся вид благочестия, силы же его отрекшиеся.

Как видите, эти люди говорят о благочестии. Не думаю, что апостол Павел мог говорить об имитации какого-то иного благочестия, имеющего силу, кроме истинного благочестия, приходящего от Духа Святого. Итак, эти люди религиозны и они не только знают об истинном благочестии, но и пытаются имитировать его, — однако во всем этом нет силы Божьей.

Однажды мы с братьями затронули вопрос о том, как можно помочь людям. И я сказал, что мы развиваем различные методики — мы знаем, какие вопросы следует задавать; как анализировать прошлое людей и их ситуацию — но нам надо помнить, что даже самая передовая методика не в состоянии помочь людям. Для этого необходима сверхъестественная сила. Полагаясь на методику, вы получите лишь то, что она может вам дать и показать, и не более. Многие люди умеют делать развернутые формулировки, но у них нет силы. Вы помните, что «*Царство Божье не в слове, но в силе*» (1 Кор. 4:20)?

А далее Павел пишет Тимофею о таких людях: *Таковых удаляйся.*

Решайте сами для себя, что это значит и как следует это делать.

В этой же главе, в 13 стихе сказано:

Злые же люди и обманщики будут преуспевать во зле, вводя в заблуждение и заблуждаясь.

Большинство обманщиков это те, кто обманул самих себя, потому что они верят в свой обман. Насколько мне известно, закоренелый патологический лжец может обмануть любой детектор лжи, потому что не осознает собственной лжи. То есть, он действительно верит своей лжи.

Здесь употребляются интересные слова − *злые люди и обманщики.* Большинство современных переводов называет этих людей обманщиками, самозванцами, лгунами, мошенниками и т.д. Но интересно первоначальное буквальное значение «обманщик» − это оккультное слово «чародей». Оно обозначает тех, кто занимается колдовством. Итак, *«злые и практикующие колдовство люди будут становиться всё хуже».* Они неуклонно идут в сторону зла и не могут стать лучше. Отвергающие благодать Божью и новое рождение обречены на то, чтобы становиться всё хуже и хуже.

В качестве примера процесса разложения возьмем любой фрукт − например, персик. Вот он, спелый и красивый, покрытый приятной бархатной шкуркой − однако спустя короткое время внутри него начнется процесс гниения − сначала невидимый снаружи. Вы знаете, что со времени грехопадения все земные плоды разлагаются. Вы можете положить его на полку, и он испортится очень быстро. Есть способ замедлить процесс разложения − поместить его в холодильник. Для меня это является прообразом религии. Можно оттянуть явное разложение, но невозможно обратить сам процесс. Только новое рождение может положить конец разложению и дать начало новой жизни.

В самом конце Библии, в Откровении 22:10-12, сказано (я верю, что это слова Иисуса):

И сказал мне: не запечатывай слов пророчества книги сей; ибо время близко. Неправедный пусть еще делает неправду; нечистый пусть еще сквернится; праведный да творит правду еще, и святый да освящается еще. Се, гряду скоро, и возмездие Мое со Мною, чтобы воздать каждому по делам его.

Итак, речь идет о том, что происходит накануне пришествия Господа. Он говорит: *«Се, гряду скоро»*. В каком состоянии находится человечество? Одна часть − это праведные и святые, а другая − это беззаконные и нечестивые. Удивительно то, что Господь говорит: *«пусть праведный становится еще праведней, и святой пусть освящается еще; но в то же самое время, пусть неправедный становится еще более беззаконным, а нечистый пусть сквернится еще»*. Он не говорит, что все станут праведными и хорошими. Он говорит: реши для себя: на какой ты стороне? Если ты грешен и нечестив, то прожигай свою жизнь, потому что тебе недолго осталось. Это изумительно, и это удивляет меня, что Сам Господь говорит: *«Он нечестивый − пускай он еще больше сквернится»*. При общем исследовании Библии складывается такое впечатление, что Господь в некотором смысле меньше противится нечестивым, чем лицемерам.

Однажды, много лет назад, когда я был солдатом Британской армии в Судане, мне довелось ехать на поезде из Хартума на север страны. Поскольку я был военнослужащим, то находился в изолированной части вагона, куда не допускались гражданские лица. Мы остановились на железнодорожной станции, — по-моему, она называлась Акбара. Если вы никогда не бывали в странах третьего мира, то не сможете представить себе такую картину, когда вся платформа до отказа заполнена живыми существами. Там были перемешаны мужчины, женщины, мальчики, девочки, младенцы, старики, верблюды, ослы, овцы, козы, цыплята. Это была просто одна сплошная живая масса. Я наблюдал эту картину в окно и вдруг подумал: *«Интересно, а что Бог думает обо всех этих людях?»* Хотя я не ждал ответ на этот вопрос, но он сразу же пришел: *«Часть из них слаба, часть — глупа, часть — горда, часть — нечестива, но часть из них чрезвычайно драгоценна».* Не думаю, что смогу улучшить эту классификацию. Здесь нечего добавить. Если вы задумаетесь над причинами, почему люди не обращаются к Господу, то найдете, что они либо слабы, либо глупы, либо горды, либо нечестивы. Но среди всего этого есть и чрезвычайно драгоценные люди, предназначенные для вечной жизни.

Вскоре после этой поездки, когда я оказался на побережье Красного моря, у меня была привилегия привести к Господу суданского мусульманина. Туда не пускали миссионеров, поскольку эта страна была целиком мусульманской. Но никому не было дела до простого сержанта медицинской корпуса Британской армии. Не буду описывать подробности обращения этого мусульманина, скажу лишь, что его звали Али, и что когда он получил спасение, все в госпитале, где я служил, узнали об этом. Люди останавливали меня и спрашивали: *«Что случилось с твоим другом Али?»* Я отвечал: *«Он получил спасение».* Они спрашивали: *«Что это такое?»* И я говорил: *«Давайте, я вам расскажу…».* Начальник военного госпиталя тоже вызвал меня, чтобы спросить: *«Что произошло с вашим другом Али?»* Я сказал: *«Он обрел спасение».* Он спросил меня, что это? — и я ему рассказал. К сожалению, судя по всему, он не принял мои слова.

Мы должны согласиться с тем фактом, что нечестивые будут нечестивыми. Бог реалистичен, – это мы порой сентиментальны. Недавно на конференции ходатаев в городе Белфаст я услышал, как кто-то сказал: *«Господь говорит, что большинство из Моего народа слишком сентиментально».* Я согласился с этим. Мы склонны смотреть сквозь пальцы на факты из жизни людей.

Итак, мы говорили о том, что добро и зло достигнут своего пика одновременно. Следующее, что нам необходимо уяснить: родовые муки будут очень интенсивными и охватят всю землю. Мы обратимся к 24 главе Книги пророка Исаии, где найдем очень наглядное описание бедствий, смятения, потрясений и разрушений, которые произойдут по всей земле накануне установления Царства Божьего на землю. Не будем читать всю главу, давайте прочтем первые шесть стихов. Исаия 24:1-6:

> *Вот, Господь опустошает землю и делает ее бесплодною; изменяет вид ее и рассевает живущих на ней. И что будет с народом, то и со священником; что со слугою, то и с господином его; что со служанкою, то и с госпожею ее; что с покупающим, то и с продающим; что с заемщиком, то и с заимодавцем; что с ростовщиком, то и с дающим в рост.*

Другими словами, это не обойдет стороной ни одну из сфер жизни людей.

> *Земля опустошена вконец и совершенно разграблена, ибо Господь изрек слово сие. Сетует, уныла земля; поникла, уныла вселенная; поникли возвышавшиеся над народом земли. И земля осквернена под живущими на ней, ибо они преступили законы, изменили устав, нарушили вечный завет.*

Вам следует уделить время, чтобы поразмышлять над этими словами. Речь идет о духовном загрязнении. Мы слишком заняты чистотой нашей плоти, но здесь говорится о духовном осквернении. Люди пошли против всех праведных требований и постановлений Божьих.

И земля осквернена под живущими на ней, ибо они преступили законы, изменили устав, нарушили вечный завет. За то проклятие поедает землю, и несут наказание живущие на ней; за то сожжены обитатели земли, и немного осталось людей.

Давайте перейдем к 17-му стиху, и прочитаем до конца главы.

Ужас и яма и петля для тебя, житель земли! Тогда побежавший от крика ужаса упадет в яму; и кто выйдет из ямы, попадет в петлю; ибо окна с небесной высоты растворятся, и основания земли потрясутся. Земля сокрушается, земля распадается, земля сильно потрясена; шатается земля, как пьяный, и качается, как колыбель (обратите внимание: какой язык!), *и беззаконие ее тяготеет на ней; она упадет, и уже не встанет.*

Итак, какое же здесь ключевое слово? – *беззаконие*, или как сказано в других переводах – *преступление, бунт*. Вот в чём основная проблема.

И будет в тот день: посетит Господь воинство выспреннее на высоте (это сатанинское царство в поднебесье, о котором мы упоминали выше) *и царей земных на земле* (тех, кто состоят в союзе с царством сатаны). *И будут собраны вместе, как узники, в ров, и будут заключены в темницу, и после многих дней будут наказаны.*

Итак, мы достигли кульминации – это есть установление Божьего Царства, но невозможно отделить кульминацию от того, что ей предшествует.

И покраснеет луна, и устыдится солнце, когда Господь Саваоф воцарится на горе Сионе и в Иерусалиме, и пред старейшинами его будет слава.

Что это? Время установления Царства Господа. Его свет и слава будут настолько потрясающими, что даже солнце с луной устыдятся. Где мы уже видели пророчество подобного содержания? Однако смотрите, что предваряет установление Божьего Царства: не возрастающий мир, усиливающийся порядок и все более развитая цивилизация; но смятение, хаос и излияние на землю устрашающих судов Божьих. Давайте никогда не будем забывать, что Господь — не только Спаситель, но еще и Судья. Он праведный Бог и Спаситель. Отвергающие Его спасение неминуемо подпадут под Его праведное осуждение.

Затем, следует сказать о том, что кульминация будет очень неожиданной. Возьмем слова Иисуса из 17 главы Евангелия от Луки. И вы должны решить сами, можно ли воспринимать в переносном смысле то, что мы сейчас прочитаем. При всём желании, я не могу придать этому переносный смысл. Простое знание языка обязывает меня согласиться с тем, что всё произойдет именно так. Всё совершится буквально — именно так, как написано. Евангелие от Луки 17:24:

Ибо, как молния, сверкнувшая от одного края неба, блистает до другого края неба, так будет Сын Человеческий в день Свой.

Получаете ли вы какое-нибудь предупреждение о том, что сейчас сверкнет молния? — нет. Оповещение приходит потом, — раскаты грома доносятся до нашего слуха уже после блистания молнии. Итак, Иисус говорит, что явление Сына Человеческого будет подобно молнии.

Но прежде надлежит Ему много пострадать

*и быть отвержену родом сим. И как было во
дни Ноя, так будет и во дни Сына Человеческого: ели, пили, женились, выходили замуж,
до того дня, как вошел Ной в ковчег, и пришел потоп и погубил всех. Так же, как было
и во дни Лота: ели, пили, покупали, прода-
вали, садили, строили; но в день, в который
Лот вышел из Содома, пролился с неба дождь
огненный и серный и истребил всех; так будет и в тот день, когда Сын Человеческий
явится.*

О чём говорит Господь? Что каждый занимался
своим делом, был занят своими обычными делами,
и никто не ожидал внезапной перемены. Но когда
она пришла, то эта перемена была неожиданной и
полной. Оба места Писания подчеркивают то, что
Божий суд *погубил всех*.

Павел говорит: *«Итак видишь благость и стро-
гость Божию»* (Римл. 11:22). Это как две стороны
одной монеты. Если вы сотрете одну сторону, то мо-
нета потеряет свою ценность. Нечестно говорить людям только о Божьей благости и умалчивать о Его
строгости. Это значит обманывать людей. Боюсь, что
миллионы церковных прихожан обмануты. Они так
и не узнали полной истины и не осознают реальности.

Давайте обратимся к пятой главе Первого послания Фессалоникийцам. Четвертая глава заканчивается такими словами:

*Сам Господь при возвещении, при гласе Ар-
хангела и трубе Божией, сойдет с неба…*

Помните, что на главы Писание разделили пере-
водчики. Читаем пятую главу:

*О временах же и сроках нет нужды писать к
вам, братия, ибо сами вы достоверно знаете,
что день Господень так придет, как тать
ночью. Ибо, когда будут говорить: «мир и*

безопасность», тогда внезапно постигнет их пагуба, подобно как мука родами постигает имеющую во чреве, и не избегнут.

Что больше всего беспокоит общество сегодня? — по всей видимости, именно это: *мир* и *безопасность*. И Павел говорит, что когда люди решат, что они добились этого, именно тогда их настигнет пагуба. Вы снова видите здесь картину родовых мук, которые являются частью процесса рождения.

Далее, следует отметить тот факт, что Царство Божье будет установлено на земле силовым образом. Давайте обратимся ко второй главе Книги пророка Даниила. Там дано истолкование сна царя Навуходоносора, в котором он видел колоссальную статую золотоглавого истукана, у которого плечи, руки и грудь были из серебра, чрево и бедра были медными, ноги сделаны из железа, а ступни — из железа, смешанного с глиною. Согласно истолкованию сна, это является описанием мировых империй, приходящих на смену друг другу в человеческой истории. Насколько это согласуется с теорией эволюции, которая утверждает, что всё становится более совершенным? Обратите внимание, описание начинается с головы, — идет по нисходящей, опускаясь всё ниже и ниже, — и, наконец, заканчивается ступнями. Движение идет не снизу вверх, а сходит сверху вниз. Сначала идет самый ценный материал — золото, и каждый следующий металл уступает в ценности предыдущему. Труднее всего воспринимается смесь железа с глиной в ступнях. Это Божий комментарий на теорию эволюции, в которую я никогда не мог поверить — даже будучи философом, абсолютно далеким от религии — в этой теории так много противоречий, что я не мог принять их. Слава Богу за это проявление Его милости ко мне. Даже в моем греховном состоянии, у меня все-таки оставалось немного здравого смысла.

Во второй главе книги Даниила дано истолкование этого сна. Во сне камень оторвался от горы без содействия рук, и со страшной силой ударил в истукан и вдребезги разбил его. Сам же камень стал горой, которая наполнила всю землю. Это не похоже на мягкий, плавный переход власти. Камень крушит, стирает в пыль и окончательно развевает всё по ветру. Вот истолкование видения камня, − Книга пророка Даниила 2:44:

И во дни тех царств Бог небесный воздвигнет царство, которое вовеки не разрушится, и царство это не будет передано другому народу; оно сокрушит и разрушит все царства, а само будет стоять вечно.

Если вы можете рассмотреть в этом постепенный, мирный процесс того, как Церковь возьмет власть над землей, тогда вы можете утверждать всё, что вам угодно…

Откроем Откровение 19:11 − здесь мы находим довольно длинное описание событий, но прочитаем лишь часть:

И увидел я отверстое небо, и вот конь белый, и сидящий на нем называется Верный и Истинный, Который праведно судит и воинствует.

Кто же сидел на белом коне? − Иисус. Что же Он делал? − праведно судил и вел войну.

Очи у Него как пламень огненный…

Стихи 14-16:

И воинства небесные следовали за Ним на конях белых, облеченные в виссон белый и чистый. Из уст же Его исходит острый меч, чтобы им поражать народы. Он пасет их жезлом железным; Он топчет точило вина ярости и гнева Бога Вседержителя.

На мой взгляд, здесь речь идет не о мире.

На одежде и на бедре Его написано имя: «Царь царей и Господь господствующих».

Затем давайте перейдем к стиху 19:

И увидел я зверя (антихриста) *и царей земных и воинства их, собранные, чтобы сразиться с Сидящим на коне и с воинством Его.*

Вы понимаете, что наступит момент, когда людские правители сознательно вступят в войну с Богом Вседержителем, зная, кто Он такой? Можете ли вы вместить это? Вот проявление сущности бунта во всей его силе.

И схвачен был зверь и с ним лжепророк, производивший чудеса пред ним, которыми он обольстил принявших начертание зверя и поклоняющихся его изображению: оба живые брошены в озеро огненное, горящее серою; а прочие убиты мечом Сидящего на коне, исходящим из уст Его, и все птицы напитались их трупами.

Это звучит уже как глобальная война, которая охватила всё. Полагаю, что так это и будет.

Затем, Царство должно быть установлено посредством суда. Давайте обратимся к нашему первому месту Писания. Это обетование о Мессии в Книге пророка Исаии 9:7:

Умножению владычества Его и мира нет предела на престоле Давида и в царстве его, чтобы Ему утвердить его и укрепить его судом и правдою отныне и до века. Ревность Господа Саваофа соделает это.

Обратите внимание, Царство утверждается судом и правдою (правосудием, справедливостью). Библия много раз описывает процесс суда, который происходит прежде установления Царства. Мы рассмотрим два пророческих описания. Первое находится в Книге пророка Иоиля 3:1-2:

Ибо вот, в те дни и в то самое время, когда Я возвращу плен Иуды и Иерусалима...

Обратите внимание, это время окончательного собрания еврейского народа на их родной земле.

...Я соберу все народы, и приведу их в долину Иосафата («Иосафат» означает «Господь судит»), и там произведу над ними суд за народ Мой и за наследие Мое, Израиля, который они рассеяли между народами, и землю Мою разделили.

Здесь говорится о двух вещах: во-первых, Бог собирается судиться с народами. За что же Он собирается их судить? Что будет основанием суда? За то, как они повели себя по отношению к Израилю и его земле. Вы заметили слова: *«землю Мою разделили»*? Бог наблюдает за разделением земли, которую Он дал Израилю. К сожалению, больше всего повинны в этом именно британцы. Уинстон Черчилль сделал это в 1922 году. Он одним росчерком пера отписал 76% этой территории на образование к востоку от Иордана арабского государства (Иордании), где запрещено жить евреям. Оставшаяся территория, за которую идет постоянная борьба — это всего лишь 24 процента всей земли, которые были отделены под создание национального дома для евреев. Видите, насколько актуально это?

Вы скажете: *«Брат Принс, это же Ветхий Завет»* — пусть так, но прочитайте слова Иисуса в 25 главе Евангелия от Матфея. Я не могу быть равнодушен к подобным вещам. Похоже, что среди народа Божьего имеется чуть ли не сознательное желание пребывать в невежестве — они не хотят повернуться лицом к фактам. Вот слова последней публичной речи Иисуса. Многие называют эти слова притчей, но на самом деле это пророчество. Евангелие от Матфея 25:31-34:

Когда же приидет Сын Человеческий во славе Своей и все святые Ангелы с Ним, тогда сядет на престоле славы Своей, и соберутся пред Ним все народы; и отделит одних от других, как пастырь отделяет овец от козлов.

Здесь снова дано описание завершающего собрания всех народов пред Господом. Он разделит их на две категории: по правую Свою руку Он поставит овец, которых примет; а по левую — козлов, которых отвергнет.

И поставит овец по правую Свою сторону, а козлов — по левую. Тогда скажет Царь тем, которые по правую сторону Его (народам-овцам)*: приидите, благословенные Отца Моего, наследуйте Царство, уготованное вам от создания мира.*

Вы заметили, в чём заключается суть? Почему одни народы будут допущены в Царство, а другие — не будут туда допущены. На чём основано это решение Царя? Уверен, что вам знакомы эти слова Иисуса. От чего же зависит то, будут они приняты или отвергнуты? — от того, как они относились к кому? — к братьям Иисуса. И это в точности соответствует тому, что сказано в Книге пророка Иоиля 3:1-2.

Братья и сестры, если мы хотим научить все народы, мы обязательно должны говорить им, на основании чего они будут судимы. Они должны это знать. Об этом очень ясно сказано, здесь нет никакой двусмысленности. Если они противятся Божьим целям для Израиля, то они противятся Самому Богу, а Он — Всемогущий. Если вы хотите больше узнать об этом, то могу порекомендовать вам свою книгу *«Последнее слово на Ближнем Востоке»*. По крайней мере, там вы сможете найти больше информации для размышления.

Возможно, эти слова вызывают у вас некоторое беспокойство: «*Брат Дерек рисует ужасную картину того, что придет на эту землю*». Да, Библия дает действительно устрашающее описание грядущих событий. Но кто во Христе и в Его Царстве, тем нет причины ужасаться. Давайте обратимся к Посланию Евреям 12:25-29:

Смотрите, не отвратитесь и вы от говорящего. Если те, не послушав глаголавшего на земле (когда Он говорил с горы Синай через Моисея), *не избегли наказания, то тем более не избежим мы* (христиане), *если отвратимся от Глаголющего с небес, Которого глас тогда поколебал землю* (там было землетрясение), *и Который ныне дал такое обещание: еще раз поколеблю не только землю, но и небо.*

Потрясающее заявление, не правда ли? Встряска, о которой говорит 24 глава Книги пророка Исаии, охватит не только землю, но и небо. Вспомним слова Иисуса, записанные в 24 главе Евангелия от Матфея, что силы небесные поколеблются. В Библии мы находим удивительное совпадение описаний этого периода.

Слова: «еще раз» означают изменение колеблемого, как сотворенного, чтобы пребыло непоколебимое.

Эти слова опять-таки свидетельствует об устранении всего колеблемого, чтобы пребывало непоколебимое. Что же не может быть поколеблено? – Царство Божье.

Итак мы, приемля царство непоколебимое, будем хранить благодать, которою будем служить благоугодно Богу, с благоговением и страхом, потому что Бог наш есть огнь поядающий.

Если вы действительно укоренились в Царстве

Божьем, то Вам нечего беспокоиться. Вокруг вас всё будет потрясено. Земля и небо будут потрясены, но Царство Божье останется непоколебимо. Чтобы быть спокойным, всё, что вам нужно — это удостовериться: в Царстве ли вы? Хорошо бы знать, где вы находитесь. Все Библейские пророчества можно подытожить одной фразой: *будет поколеблено всё, что может быть поколеблено.* Возможно кому-то такая перспектива покажется мрачноватой — но не мне. Я знаю, где был укоренен, и как сказал Павел в 2-ом Тимофею 1:12:

> *Ибо я знаю, в Кого уверовал, и уверен, что Он силен сохранить залог мой* (то, что я посвятил Ему) *на оный день.*

Что является ключевым? — посвящение. Посвящены ли вы? — в этом суть. Царство Божье лишь для тех, кто посвятил себя.

Теперь мне бы хотелось дополнить нашу картину времени установления Царства лишь несколькими яркими штрихами. Давайте обратимся к 14 главе Книги пророка Захарии. Она начинается с описания атаки всех народов на Иерусалим. В своей книге *«Последнее слово на Ближнем Востоке»* я указал, что при нынешней политической ситуации это может произойти с любого направления и по любому поводу, — причем развертывание сил займет считанные дни. Я не говорю, что так и будет, но ситуация такова, что это может произойти. В сущности всё уже готово. Но в Книге пророка Захарии 14:5 мы читаем следующее:

> *И придет Господь Бог мой и все святые с Ним.*

Это описание личного возращения Иисуса. Куда же Он придет? — на Елеонскую гору (стих 14:4). А откуда Он вознесся? — с Елеонской горы. Ангел сказал: *«Сей Иисус, вознесшийся от вас на небо, придет таким же образом, как вы видели Его вос-*

ходящим на небо» (Деян. 1:11). Он вознесся с горы Елеонской в облаках. Он вернется в облаках и сойдет на гору Елеонскую, — чем вызовет землетрясение (см. Зах. 14:4).

Я имел привилегию в последний год армейской службы жить на том самом месте, которое описано в Библии, — на Елеонской горе. Скажу вам, это описание настолько наглядное и точное, что его нельзя отнести к какому-либо другому месту на земле. Это никак нельзя воспринимать в переносном смысле. Это либо ложь, либо истина — третьего не дано. Лично я верю, что это истина.

Теперь давайте посмотрим, что произойдет, когда Царство Божье будет установлено. Книга пророка Захарии 14:8-9:

> *И будет в тот день, живые воды потекут из Иерусалима, половина их к морю восточному (Мертвому) и половина их к морю западному (Средиземному): летом и зимой так будет.*

Интересно, что вплоть до сегодняшнего дня в Иерусалиме никогда не было своего собственного водоснабжения. Он всегда зависел либо от дождя, собранного с крыш и хранимого в искусственных водоемах, либо от воды, закачиваемой в город через трубопровод издалека. Чтобы не потерять полную картину, давайте еще раз прочитаем 8-й стих, а потом 9-й.

> *И будет в тот день, живые воды потекут из Иерусалима, половина их к морю восточному, и половина их к морю западному: летом и зимой так будет.*

В Израиле это чудо. Вы не поймете этого, если вам не сказать о том, что с апреля по ноябрь в стране практически не бывает дождей. А вот генеральная линия:

> *И Господь будет Царем над всею зем-*

*лею; в тот день будет Господь един, и
имя Его едино.*

Мне это нравится. Господь будет Царем над всей
землей. В тот день будет Господь един, и имя Его —
едино.

Давайте посмотрим еще несколько других мест.
Откроем вторую главу Книги пророка Исаии. Хотя
об этом же сказано в четвертой главе Книги пророка
Михея, но всё же давайте обратимся к Исаии 2:2-4:

И будет в последние дни (обратите внимание
на это четкое уточнение), *гора дома Господня
будет поставлена во главу гор и возвысится
над холмами ...*

На иврите «*Хар ха-Байт*» (что значит «*гора дома
Господня*») — это очень известная фраза. Она означает гору, на которой стоит храм. На сегодняшний
день она ниже Елеонской горы на востоке и холма
Неви-Самвил на северо-западе. Её окружают и другие более высокие горы. Насколько я понимаю, при
тех потрясениях, которые начнутся во время пришествия Господа, эта гора будет поднята над окружающими горами, потому что на этой горе будет стоять
дом Господень.

*...и потекут к ней все народы. И пойдут
многие народы и скажут: придите, и взойдем
на гору Господню, в дом Бога Иаковлева, и
научит Он нас Своим путям и будем ходить
по стезям Его; ибо от Сиона выйдет закон, и
слово Господне — из Иерусалима. И будет Он
судить народы...*

Обратите внимание на еще одно пророчество о
суде Господа над народами.

*...И обличит многие племена; и перекуют
мечи свои на орала, и копья свои — на серпы:
не поднимет народ на народ меча, и не будут
более учиться воевать.*

Иерусалим с его храмом будет центром для всех народов: центром их поклонения, центром их суда и управления, – и тогда воцарится мир. Ничто другое не приведет к миру.

Теперь обратимся к 71-у псалму, который является одним из тех чудесных псалмов, описывающих славу Царя и Его утвержденное Царство. Мы прочтем первые 14 стихов. Хочу обратить ваше внимание на то, что в этом описании идут рука об руку: 1) праведность, 2) мир и 3) правосудие (справедливость) для угнетенных. В псалме постоянно подчеркивается то, что наконец-то у бедных, притесняемых и угнетаемых будет такой правитель, который действительно позаботится о них. Не думаю, что это случится раньше возвращения Иисуса. На данный момент факты говорят о том, что богатые становятся еще богаче, а бедные всё больше нищают. Псалом 71:1-14:

Боже! даруй царю Твой суд и сыну царя Твою правду, да судит праведно людей Твоих и нищих Твоих на суде; да принесут горы мир людям и холмы правду; да судит нищих народа, да спасет сынов убогого и смирит притеснителя…

Едва ли мы понимаем, насколько ревностно Бог относится к социальной справедливости.

…и будут бояться Тебя, доколе пребудут солнце и луна, в роды родов. Он сойдет, как дождь на скошенный луг, как капли, орошающие землю; во дни его процветет праведник, и будет обилие мира, доколе не престанет луна; он будет обладать от моря до моря и от реки до концов земли; падут пред ним жители пустынь, и враги его будут лизать прах; цари Фарсиса и островов поднесут ему дань; цари Аравии и Савы принесут дары; и поклонятся ему все цари; все народы будут служить ему; ибо он избавит нищего, вопи-

ющего и угнетенного, у которого нет помощ-
ника. Будет милосерд к нищему и убогому, и
души убогих спасет; от коварства и насилия
избавит души их, и драгоценна будет кровь
их пред очами его...

Как мы уже увидели, распорядителями этого
Царства будут люди, обученные принципам Царства
в настоящее время. Как вы помните, мы рассматри-
вали несколько мест Писания на эту тему. Вместе с
этими людьми спасется и остаток Израиля. Откроем
Книгу пророка Исаии 61:4-6:

И застроят (т.е. возвратившийся Израиль)
пустыни вековые, восстановят древние раз-
валины и возобновят города разоренные,
остававшиеся в запустении с давних родов.

И сегодня это исполняется. За последние 20 лет
Израиль восстановил, по меньшей мере, десяток Библейских городов и селений. Одно из таких мест
находится как раз за окном нашего дома, оно называется Гило, который раньше был городом Ахито-
фела (если вы помните, кто такой Ахитофел) и рас-
положен к западу от Вифлеема. Я упомянул об этом,
потому что на наших глазах происходит исполнение
этого пророчества.

И придут иноземцы и будут пасти стада
ваши; и сыновья чужестранцев будут ваши-
ми земледельцами и вашими виноградарями.

Это относится к Израилю. Они больше не будут
заниматься земледелием. Что же они будут делать?

А вы будете называться священниками Го-
спода, служителями Бога нашего будут име-
новать вас; будете пользоваться достоянием
народов и славиться славою их.

Как вы помните, мы уже говорили о первона-
чальной цели Бога для Израиля — они должны были
стать царством священников. Вот исполнение этого

Божьего намерения. Даже если прошло уже больше
трех с половиной тысяч лет — это ничего не меняет,
потому что Бог никогда не отказывается от Своего
первоначального плана. Если Он говорит, что это
произойдет, то оно непременно произойдет. Время
не имеет значения для Бога. Для него тысяча лет как
один день, или как стража в ночи (ночная стража
составляет всего три часа). Это значит, что день для
него — это то же, что восемь тысяч лет! Это несложно
подсчитать.

Теперь, что в связи со всем этим ожидается от
нас? Мы поем красивый псалом: *«Я вижу Царя,
стоящего на горе, и Он возвещает: «Приготовьте
Господу путь!»»* А кто из нас действительно делает
это? Легко петь псалом, и звучит он красиво, но есть
ли те, кто на самом деле поступают так? Давайте
вернемся к Книге пророка Исаии 40:3:

*Глас вопиющего в пустыне: приготовьте
путь Господу, прямыми сделайте в степи
стези Богу нашему.*

Что касается нас с Руфью, то мы искренне по-
святили себя тому, чтобы готовить путь Господу.
Мы верим, что Он скоро придет. Как скоро? — мы
не знаем, но мы страстно предвкушаем Его возвращение и хотим приготовить Ему путь. Мы искренне
стараемся: во-первых, провозглашать Евангелие Его
Царствия, достигая все народы, — потому что конец
не наступит, пока это не произойдет; во-вторых, готовить сердца Божьего народа Израиля, чтобы они
могли радостно встретить своего Мессию, потому что
Он сказал им при Своем уходе в Евангелии от Матфея 23:39:

*Не увидите Меня отныне, доколе не восклик-
нете: благословен Грядый во имя Господне!*

СОДЕРЖАНИЕ

Дерек Принс
БЛАГАЯ ВЕСТЬ ЦАРСТВА

Подписано в печать 03.12.2010г. Формат 84х1081/32
Печать офсетная. Тираж 10 000 экз.
Заказ № 2888 (10173А)

Отпечатано в типографии "Принткорп",
ЛП № 02330/04941420от 03.04.02009.
Ул. Ф.Скорины 40, Минск, 220141. Беларусь.